사장은 처음이라

사장은 처음이라

최인녕 지음

두드림미디어

추천의 글
누구에게나 코칭이 필요한 순간이 있다

우리는 많이 교육받지만, 정작 중요한 것은 사전에 배운 적이 없이 부닥친다. 결혼하기, 부모 되기, 리더가 되어 사람을 이끌기 등 인생에서 얼마나 중요한 과업인가. 그 역할을 어떻게 해야 하는지 미리 알고 준비되어 있다면 베스트지만, 대부분이 그런 준비 없이 맞는다. 그렇다면 최소한 부딪히는 고민들에 대해 지침만 있어도 크게 실패하지는 않을 것이다. 최인녕 저자가 쓴 이 책은 조직의 장면에서 리더들이 겪는 고민을 세세하게 살펴보면서 상황에 맞게 코칭 가이드를 해주는 책이다.

이 책은 특히 저자가 함께 풀어갔던 사례들이 풍부하다. 사장이 한 번 화를 낸 것이 어떤 나비효과를 불러오고 조직을 얼어붙게 하는지가 드라마를 보듯이 눈앞에 펼쳐진다. 모호하게 지시하는 사장이 본인 스스로가 업무 효율성을 낮추는 요인임을 가감 없이 보여준다. 무심히 하는 것 같은 리더의 질문 중에는 중간 리더를 의심하고 구성원에게서 증거를 찾고자 하는 무의식적 의도가 들어 있음을 날카롭게 지적해준다. 늘 자신이 중심에 있어야 한다는 인정 욕구에 가득찬 미성숙한 리더의 모습도 나온다. 이런 사례의 끝에는 그런 경우, 리더가 어떻게 해야 하는지 차분한 처방도 들어 있다. 일일이 가르치는 교사형 리더라면, 따르고 싶은 모범적인 역할 모델이 되라고 조언해준다. 일방적으로 말이 많은 리더에게는 구성원의 말을 경청하는 법과 인정 칭찬을 통해서 동기를 갖도록 하는 방법도 설명해준다. 그런 면에서 이 책은 리더들의 고민에 대한 코칭 처방전이라고 해도 좋겠다.

'조직은 리더를 닮는다', 조직 문화를 이렇게 한마디로 명쾌하게 정리할 수 있을까? 명쾌한 만큼 리더의 등을 서늘하게 하는 문장이다. 이 책은 사례로서 이를 느끼게 해준다. 예를 들어, 똑똑한 브레인형 리더가 좋기만 한 것은 아니다. 집단 지성을 위한 자유로운 토론에 방해가 될 수 있으니, 생각을 잠시 내려놓고, 직원들도 적극적으로 아이디어를 낼 수 있도록 정보를 공유하고 공감하는 분위기를 만드는 게 진정한 리더의 역할이라는 것이다.

최인녕 저자는 실무자에서 사장까지, 기업에서 다양하고 찐한 커리어를 쌓았다. 그래서 그녀의 코칭은 현실감이 살아 있다. 아무나 코치가 될 수 있는 것은 아니다. 자신의 에고(ego)를 내려놓고 상대방과 존재로서 연결되는 진정성이 필수다. 경영의 경험과 코치의 자세를 겸비한 저자의 현장 리더십 지침서라 할 만한 책이다. 많은 리더들이 읽어보기를 권한다.

고현숙 (국민대 경영대 교수, 코칭경영원 대표코치)

서문

책을 낸 배경

사장으로 직장 생활을 그만두고 우연한 기회에 칼럼을 쓰기 시작했다. 이 글은 내가 직장 생활을 하면서 겪었던 여러 일을 떠올리며, 그때의 상황으로 돌아간다면, '나는 리더로서 어떤 행동과 결정을 내리는 게 더 지혜로웠을지' 생각하며 정리한 일종의 직장 생활에 대한 반성문이기도 하다.

칼럼을 쓰는 과정에서 기업 컨설팅과 기업 코칭을 하게 되었다. 내가 직장 생활을 하며 경험했던 비슷한 사례를 조직 밖에서의 관점으로 볼 수 있었고, 내가 경험하지 못했던 다양한 사례를 접하기도 했다. 이런 값진 경험으로 알게 된 성공적인 스토리나 안타까운 사례를 사장님, 리더, 직장인들과 나누며 이들의 성장과 발전을 함께 고민하고 싶었다. 이 책이 리더로서 첫발을 내딛는 사장님에게는 길잡이가 되어주고, '이럴 땐 어떡하지?' 고민하는 리더에게는 최선의 해결책으로 안내하는 이정표가 되었으면 좋겠다. 또 막다른 상황에서 공감이 필요한 모든 직장인에게는 위로가 되기를 바란다.

  책의 사례는 실제 일어났던 일을 모티브로 썼다. 유명 기업의 성공 신화나 실패 극복기, 전문가의 연구 결과나 지식을 담은 책이 아니라 누구나 겪어봤을 법한, 우리 일상에서 흔히 일어나는 일들을 수다 떨듯이 썼다. 그리고 각 사례에 맞는 대안을 모색하며 정답은 없더라도 보다 나은 솔루션을 글마다 제시하고자 했다.

  기업 코칭과 컨설팅을 하면서 만난 리더들이, 내가 쓴 칼럼을 찾아보며 '이럴 땐 어떤 방법이 좋을지' 생각해본다는 이야기를 들었다. 가끔 HR 관계자들이 자신의 블로그나 SNS에서 나의 글을 공유하고 인용하는 것도 보았다. 우연히 만난 예전 직원이 내 칼럼을 찾아서 읽고 있다며 안부를 전해왔다. 사회 다양한 분야에서 조직의 구성원으로 살아가는 사람들에게 이 책이 미미하게나마 도움이 될 수 있다는 생각에 그동안 쓴 칼럼들을 책으로 엮을 용기를 내게 되었다.

리더에 대한 단상

  다양한 리더와 구성원의 이야기를 수집하고 관찰하며 이를 활자로 정리하는 과정에서 리더십에 대한 성찰과 배움이 있었다. 내 배움에서 리더는 타고난 재능을 지닌 능력자의 모습이 아니라, 시행착오를 통해 끊임없이 성장하고자 노력하는 보통 사람이다.

  옆집 사는 인심 좋은 아저씨, 분리수거장에서 도움을 줬던 청년, 헬스장에서 만난 에너지 넘치는 언니… 주위에서 평범하게 만날 수 있는 사람들을 회사라는 조직에서 만나면, 이들은 나의 상사, 동료, 팀원이 된다. '회사 밖에서 만나면 참 좋은 사람'들과 업무 관계로 엮이면, 서로 갈등을 겪는다. '일보다 사람이 어렵다'라는 말처럼, 우리는 일하며 만나는 사람과의 관계에서 많은 스트레스를 받는다.

그러나 '회사 상사', '동료', '팀원'이라는 라벨지를 떼면, 그도 내 주위에서 흔히 볼 수 있는 친구, 선후배, 지인과 같은 사람이다. 리더가 사회생활을 하며 만나는 사람을 일하는 도구가 아닌 사람 그 자체로 대한다면, 리더의 소통 방식, 메시지, 리더십 등 많은 것이 긍정적인 방향으로 바뀐다. 물론 리더의 냉철한 결단과 따뜻한 포용, 끊임없는 배움은 기본이며, 훌륭한 리더십은 부단한 노력과 학습의 결과물이라 할 수 있다. 그래서 리더의 역할은 참 어렵고 처음부터 완벽할 수 없으며, 새로운 문제가 생길 때마다 서툴기도 하다.

칼럼을 모아 다시 읽어보니, 부족한 점투성이다. 초반에 글을 쓸 당시 리더십에 대한 생각과 지금의 생각이 다름에 당혹스럽기도 하다. 그럼에도 수정하지 않고 그대로 글을 실은 것은, 이 책이 정답을 알려주는 교과서가 아니라 사례를 통해 문제 해결에 대한 각자의 방법을 생각해보고, 그에 맞는 솔루션을 찾는 참고서가 되길 바라기 때문이다.

책 구성

이 책은 독자가 해결해야 할 문제, 당면한 고민과 유사한 사례를 찾아서 읽을 수 있도록 다양한 54개의 사례를 다음의 6개 영역으로 나누었다.

Chapter 1. 경계해야 할 리더의 모습

경계해야 할 여러 형태의 리더십을 통해 리더로서의 모습을 성찰하며, 이상적인 리더상을 그려볼 수 있다.

Chapter 2. 잘 쓰면 약, 못 쓰면 독
다양한 조직 문화 사례를 통해 어떤 조직 문화가 우리 회사에 적합한지 생각해볼 수 있다.

Chapter 3. 우리는 아는데 사장님만 모르는 것
직원들은 알지만, 리더만 모르는 블라인드 스팟이 무엇인지 생각해 보고, 리더 자신이 못 보는 모습을 인식할 수 있다.

Chapter 4. 리더를 힘들게 하는 직원들과 일 잘하기
리더에게 힘이 되는 팀원들, 리더를 힘들게 하는 팀원들, 이 모두와 함께 일 잘하는 방법을 살펴볼 수 있다.

Chapter 5. 우리 조직 돌아보기
회사 전반적인 운영에 필요한 핵심 부분과 운영 프로세스를 점검해 볼 수 있다.

Chapter 6. 사장과 직원 모두가 행복한 회사 만들기
행복한 회사가 되기 위해 필요한 리더의 노력과 팁들로 구성되어 있다.

30년, 신입 직원으로 처음 사회생활을 시작해 수천 명의 동료 직원들의 리더이자 사장의 역할을 했던 시간이다. 내 삶의 많은 시간 동안 고민하고 부딪히며 배우고 얻었던 것들을 담아낸 이 책이, 지금 현장에서 치열하게 살고 있을 모든 사장님과 직장인에게 도움이 되기를 바란다.

— 최인녕

추천의 글   4
서문   6

Chapter 01. 경계해야 할 리더의 모습

귀 없는 사장, 귀 있는 사장   15
화내는 사장   21
모호하게 지시하는 사장   27
의심하는 사장   32
왕이 된 사장   37
어린아이 같은 사장   42
선생님 같은 사장   47
브레인 사장   53
심판관 사장   59
리모트 컨트롤하는 사장   64
내가 곧 정답인 사장   68

CONTENTS

Chapter 02. 잘 쓰면 약, 못 쓰면 독

수평적 조직 문화의 명과 암	74
책 읽는 회사는 성장할 수 있을까?	77
밥 문화가 팀워크를 만든다고?	81
감히 사장에게 직접 보고했어?	86
오늘 회의만 몇 번째야?	91
잘 쓰면 약, 못 쓰면 독이 되는 회식	97
익명 사내 게시판, 왜 독이 되었을까?	101

Chapter 03. 우리는 아는데 사장님만 모르는 것

우리는 아는데 사장님만 모르는 것	107
화를 부르는 리더의 화법	113
상극이라 생각했던 리더와 직원	118
제갈량같이 완벽한 리더를 모시는 부하의 고충	122
직원이 끌리는 리더 vs 직원이 떠나는 리더	128
사소한 순간에 쌓이고 무너지는 신뢰	132
정 과장, 우리끼리 이야기인데	136
착한 직원 많은 회사에 줄퇴사 생기는 이유	140
대표와 직원의 동상이몽	146
일에 몰입하지 못하는 직원? 리더의 이것 때문	152

Chapter 04. 리더를 힘들게 하는 직원과 일 잘하기

투잡 하는 직원	158
예스맨 vs 쓴소리하는 직원	163
자기PR vs 보여주기식 일하는 직원	168
일 끝내주게 잘하는 직원	174
속을 알 수 없는 크렘린 같은 직원	179
사람 좋은 마당발	185
리더를 힘들게 하는 투덜이 직원	190
일은 만점, 동료와는 빵점인 직원	196

Chapter 05. 우리 조직 돌아보기

월급 루팡은 누가 만드나	202
회사가 원하는 완벽한 인재를 채용할 확률은 1%다	205
사업 성장보다 이익 추구가 먼저인 회사는 멀리 못 간다	210
기업의 목표 달성을 위한 성공적인 전략 세우기	215
다면 평가에서 낮은 점수를 받은 B팀장이 승진한 비결	221
우리 회사의 복지 제도는 몇 점일까?	226
그 많고, 유망했던 신사업들은 다 어디로 갔을까?	230
경영 위기에 착한 사장은 필요 없다!	235
퇴사, 회사와 직원이 헤어질 때 지켜야 할 이별 에티켓	238
위기 상황 속 필요한 것, 변하지 않은 것	243

CONTENTS

Chapter 06. 사장과 직원 모두가 행복한 회사 만들기

일 잘하는 회사를 위한 사장님의 응급처치	249
참 안 맞는 리더와 팀원, 원 팀으로 일하기	256
직원이 뒷담화하는 것을 알았다면	262
칭찬할 때도 스킬이 필요하다	266
믿었던 직원이 갑자기 퇴사할 때	271
감정이 아닌 핵심을 남기는 연마 과정	277
리더의 소통 온도는 몇 도여야 할까?	282
리더로서 꼭 필요한 역할은 무엇인가?	287

Chapter 01

경계해야 할 리더의 모습

귀 없는 사장,
귀 있는 사장

'사람의 귀는 2개, 입이 1개'.

말하는 것보다 듣는 것이 중요하다는 것을 강조할 때 자주 인용되는 말이다. 그러나 조직생활에서 '듣는 자세'를 갖추는 건 생각보다 어렵다. 특히 경력과 연차가 쌓여 직위가 높아질수록 나보다 경험이 부족한 팀원의 말을 경청하는 일은 더욱 어렵다.

리더는 주로 말을 하는 위치에 있다. 전 직원에게 사내 중대한 결정을 발표하고, 위기 상황에서 직원에게 동기 부여가 되는 말을 하며, 필요한 자리에서 중요한 시기마다 회사를 대표해 목소리를 낸다.

그런데 '말하는 기술'이 더 많이 요구될 법한 리더에게 '잘 듣는 법'이 강조되고 있다. CEO들은 코칭 전문가를 통해 경청하는 기술을 배우고, 국내 경영서에도 '경청의 중요성'에 관한 내용이 많아졌다. 리더에게 '잘 듣는 법'이 왜 중요할까? 잘 듣는 리더와 잘 듣지 않는 리더는 조직 문화를 어떻게 바꿀까?

직원이 한 마디를 하면, 사장이 열 마디 하는 X사가 있다. 회의시간 내내 직원은 사장의 말을 듣기만 한다. 모든 프로젝트의 방향성, 실행계획은 사장의 말에 따라 결정된다. 직원들 사이에서 X사 사장은 이미 '답정너'('답은 정해져 있고 너는 대답만 하면 돼'의 줄임말)로 불린다.

한편, 30분 미팅에서 사장이 딱 3개의 질문, 1개의 요청만 하는 O사가 있다. 직원이 보고할 때 사장은 노트 필기를 하고, 직원의 말을 주의 깊게 듣는다. 사장은 보고가 끝나면 미팅의 목적과 업무 목표에 맞는 질문과 요청을 하고, 대부분 프로젝트의 실행계획과 주요 결정은 담당팀에게 맡긴다. '잘 듣지 않는 리더'가 이끄는 X사와 '잘 듣는 리더'가 이끄는 O사의 조직 문화는 어떻게 다를까?

"사장님, 연말 서비스 개편을 위해 사용자 만족도 테스트를 진행하려고 합니다. 이를 위해…."

"안 과장, 안 들어도 다 알아. 테스트를 해봐야 사용자가 만족하는지, 불만족하는지를 알 수 있나? 척 보면 척이지. 요즘 한창 뜨는 회사는 이런 건 이렇게 하고, 저런 건 저렇게 한다는데…. 그래서 우리도 이런 프로모션을 해보는 건 어때?"

안 과장의 보고가 끝나기도 전에 '답정너' X사 사장의 말이 시작됐다. 안 과장은 사장에게 사용자 만족도 테스트 계획과 추가 비용 발생 건을 승인받기 위해 미팅을 요청했지만, 사장 개인의 생각부터 시작해서 다른 회사의 '카더라' 이야기까지 들어야 했다. 사장은 일방적이고 장황한 이야기로 논점을 흐리다가 갑자기 프로모션에 관한 전혀 다른 업무를 지시했다.

"안 과장, 지난달 프로모션 결과가 어떻게 나왔나? 내가 어제 모임에서 듣기로는 요즘은 무조건 무료 체험 후에 판매한다고 하네. 당장 다음 달부터 우리 A제품도 무료 체험을 시범운영 해보면 어때? 그러려면…. 내가 말하는 포인트, 잘 알아들었지?"

"아 네, 사장님. 그런데 현실적으로 당장 다음 달 런칭은 무리가 있습니다. 무료 체험을 하려면 예산부터 세부계획, 담당 인력까지 검토해야 하는데요, 런칭 시기를 팀 내 상의해서 다시 보고를…."

"안 과장, 무료 체험은 당장 다음 달부터 시작해보자고. 그리고 말 나온 김에 B제품도 한번 준비해보고. 아, 다음 달에 A제품 무료 체험 시작되면 재고량도 늘려야 하니까 생산라인과 협의해서…."

사실 무료 체험 건은 여러 번 나왔던 이야기였으나, 자사 상황에 맞지 않는 방법이었기 때문에 직원들이 반대했다. 사례에서 보듯 X사의 사장은 직원의 말에 전혀 귀 기울이지 않는다. 자기 확신이 강하고, 모든 팀 업무에 대해 자신이 직원보다 더 많이, 더 잘 안다고 생각하기 때문에 직원은 본인의 말을 듣고, 실행에 옮기는 사람이라고 생각한다. 또한 사장 체면이 있기 때문에 자기 주장을 꼭 관철하려고 한다.

직원의 말을 듣지 않는 리더가 있는 X사의 조직 문화는 어떨까? 예전에는 사장의 생각과 다르더라도 객관적인 사실과 경험을 바탕으로 소신껏 의견을 내는 직원이 있었다. 그러나 직원 의견에 귀 기울이지 않는 사장에게 사장과 다른 의견은 늘 무시당하게 되면서, 점점 사장이 시키는 대로 일하는 직원만 남게 되었다.

직원들 사이에서는 업무에 대한 책임감, 주도적인 자세가 사라진 지 오래되었다. 어차피 사장이 시키는 일만 하면 되니, 모든 프로젝트의 중간관리자는 분석하고, 올바른 결정을 내리는 역량을 기를 수 없었다. 아무리 경험과 노하우를 많이 가진 사장이라도 모든 업무에서 최선의 결정을 내릴 수 없다. 따라서 사장의 지시대로 한 프로젝트는 종종 성과 미달, 실패로 이어지기도 했다.

"정 과장, 연말 서비스 개편을 위해 어떤 준비를 하고 있는지요?"
"사장님, 서비스 개편을 위해 사용자 만족도 테스트를 먼저 진행해보려고 합니다. 기존 만족도 조사와는 다른 차원의 테스트이기에 고객 사용성을 훨씬 더 정교하게 파악할 수 있습니다."
"네, 그렇군요. 어떤 방식의 테스트인지 궁금하네요. 기존 방식과 어떻게 다르며, 어떤 부분에서 더 정확한 결과를 얻을 수 있을까요? 제가 다음 미팅이 있으니 될 수 있으면 30분 이내에 미팅을 끝내면 좋겠습니다."
정 과장은 준비한 자료를 토대로 보고했고, 사장은 메모하며 정 과장의 브리핑을 주의 깊게 들었다.
"정 과장, 준비를 많이 하셨네요. 고생했어요. 연말 서비스 개편에 테스트 결과를 반영시킬 수 있나요? 시간상 촉박할 것 같은데요."
"저희 팀 내에서 업무 분담을 해서 진행하기로 했습니다. 문제없이 반영할 수 있습니다."
"정 과장 팀은 팀워크가 워낙 좋으니까요. 알았습니다. 성공하기를 바랍니다. 그리고 다음 미팅에서는 서비스 개편을 위한 또 다른 세부계획과 지난번에 이야기 나왔던 무료 체험 시행 건도 함께 구체화해서 논의했으면 좋겠습니다."

"네, 알겠습니다. 이번 주까지 타 팀의 의견까지 정리해서 다음 주 미팅에서 말씀드리도록 하겠습니다."

사장의 경청은 직원들에게 책임감을 준다

O사 사장은 어떤 프로젝트를 진행할 때, 담당 실무자가 그 일에 대해 가장 잘 안다는 믿음을 가지고 있다. 따라서 어떤 건에 관한 보고는 직원의 생각과 계획을 듣는 자리며, 사장의 역할은 목표와 맞는지를 확인하고, 프로젝트를 지원하며, 최종 승인하는 것이라 생각한다.

O사 사장은 회의 시 직원의 말을 끝까지 경청하고, 말문을 열 때 먼저 직원의 노력과 팀워크를 인정하고 칭찬하려 노력한다. 직원 스스로 동기 부여를 갖고 일하게 하는 사장의 커뮤니케이션 방식 덕분에, O사 직원들은 본인 업무에 책임감을 가지고 주도적으로 일한다.

경청하는 사장은 직원들의 업무 역량과 업무 태도를 바꾼다. 사장이 경청하는 자세를 보인다는 건, 직원에게 '내가 당신을 신뢰하고 있다'라는 것을 가장 강력하게 표현하는 방법이다. 직원에 대한 사장의 신뢰감은 직원의 업무 의욕을 고취하는 데 필수적이다.

잘 듣는 리더는 비언어적인 방법과 언어적인 방법을 조화롭게 사용한다. 눈빛, 반응, 표정, 집중하는 자세뿐만 아니라 직원의 말을 듣고 목적과 목표에 맞는 질문을 하는 것, 말을 하기 전 직원에게 동기 부여가 되는 칭찬 한마디를 덧붙이는 것은 경청하는 리더에게서 볼 수 있는 공통점이다.

현실적으로 사장의 입장에서 직원의 계획이 비현실적이거나 적절하지 않다고 판단될 때도 있다. 그러나 경청하는 사장은 직원들을 수동적으로 만들지 않기 위해 사장의 직접적인 지시로 일을 진행하는 상황을 최대한 경계한다. 직원보다 더 많은 업무 경험과 더 넓은 시야를 지닌 리더로서, 말을 아끼고 귀를 여는 일은 항상 각성과 노력이 필요한 일이다. 잘 듣는 리더가 직원들의 책임감과 동기 부여, 업무 역량 향상에 도움이 되며 건강한 조직 문화에 기여할 수 있다면, 잘 듣는 리더가 되기 위해 노력해보는 것은 어떨까?

화내는 사장

'리더의 감정 전염'이라는 말이 있다. 리더는 책임과 권한을 지니기 때문에 직원들이 잘 보이고 싶어 하는 대상이다. 따라서 직원들은 리더의 감정 상태에 특히 민감하게 반응하며, 리더의 감정이 조직 구성원에 큰 영향력을 행사한다는 의미다.

리더의 감정 전염은 어느 회사에나 흔히 있는 현상이다. 아침에 파이팅을 외치며 기분 좋게 출근했더라도, 기분이 언짢거나 분노한 사장을 보면 사장의 말 한마디, 행동 하나하나에 주의를 기울이게 된다. 만약 사장이 화내는 모습을 자주 보는 직원이라면, 아마 회사에서 긍정적인 감정보다 두려움, 분노, 우울함 등의 부정적인 감정을 더 자주 경험할 것이다.

반면 단 한마디를 건네도 직원의 하루를 기분 좋게 만들고, 업무 의욕을 향상시키는 리더가 있다. 자주 화내는 리더보다 격려와 동기 부여를 해주는 리더가 조직 전체에 긍정적인 에너지를 주는 건 당연한 이야기다.

사실 사장도 계급장 떼고 보면, 성인(聖人)이 아닌 평범한 사람이다. 사장이라고 해서 화를 안 내는 건 불가능한 일이다. 오히려 리더의 자리는 조직 운영과 사업 성과에 대해 엄청난 압박을 받는 자리기 때문에 더 큰 스트레스와 분노가 들기도 한다. 중요한 점은 '화내는 사장'이 조직에 미치는 영향이다. 사장의 분노 표현은 직원 개인의 감정을 상하게 하거나, 회사 분위기를 몇 시간 다운시키는 데에 그치지 않는다. 사장의 분노는 조직 전체에 엄청난 나비효과를 가져온다.

"그렇게 일하면서 계속 다니고 싶어? C상무가 잘했다는 거야? 왜 말이 없어? 입이 있으면 말을 해보라고!"

C상무는 테이블에 코가 닿기 직전까지 고개를 숙이고, 그저 사장의 분노가 가라앉기를 바랐다. 사장은 출근길부터 개인적인 일로 기분이 안 좋은 상태였다. 그런데 C상무가 총괄하는 신규 프로젝트가 지지부진하다는 보고를 받고 C상무에게 마구 화를 낸 것이다.

분노를 조절하지 못하는 사장을 대할 때마다 C상무는 자괴감이 들었다. 그러나 생계를 책임져야 하는 가장으로서 회사에서 버텨야 했기 때문에 C상무의 업무 우선순위는 늘 사장이 문제시하는 항목에 초점이 맞춰져 있었다. 따라서 그의 팀은 항상 사장이 화내지 않고, 조금이라도 만족해하는 모습을 보기 위해 일했다.

사장실에서 나오자마자 C상무는 신규 사업을 진행하고 있는 구 팀장과 신 과장을 불렀다.

"도대체 구 팀장은 예전 회사에서 어떻게 업무를 했길래 이런 프로젝트 하나 제대로 못 하나? 그따위로 일해서 팀장직 계속할 수 있겠어?"

"상무님, 지난번에 브리핑해드렸듯이, 신규 프로젝트는 하반기에 인력을 좀 더 투입하기로 했습니다. 현재는 사업계획에 따라 더 중요한 프로젝트에 집중하고 있습니다."

"사장님께서 신규 프로젝트 진행에 관심이 많으시고 진행이 더딘 것에 대해 화가 많이 나셨으니, 업무 우선순위를 바꿔서 빨리 진행하라고. 이상. 나가 봐."

구 팀장은 C상무의 일방적인 지시와 말투에 화가 치밀었다. 더욱이 자신의 팀원인 신 과장 앞에서 무시를 당했기 때문에 자존심이 크게 상했다.

"팀장님, 그럼 신규 프로젝트 진행을 앞당겨야 할까요? 그러려면 인력 충원이 필요하고요, 전체적인 예산 계획도 변경해야 합니다. 혹시 사업계획도 수정해야 하나요?"

"신 과장, 뭘 자꾸 물어봐? 옆에서 다 들었잖아. 귀는 폼으로 달고 다녀? 나 오늘 찾지 마."

살얼음판 같은 분위기에서 신 과장과 직원들의 업무 의욕은 점점 사라졌다. 게다가 자주 화내는 사장이 집중하는 신규 프로젝트 책임은 모든 직원이 맡길 꺼렸다. 일할 때 업무의 우선순위나 성과보다 상사의 기분과 눈치를 더 봐야 하니, 중요한 프로젝트는 자주 변경되거나 지연되었고, 직원들은 주도적으로 프로젝트 진행하기를 꺼렸다.

사장의 분노가 만드는 나비효과

앞의 사례처럼 사장의 분노가 곧 중간관리자, 각 팀 리더의 분노로 이어지는 경우가 허다하다. 회사의 모든 리더가 화를 내면 조직 전체 분위기가 침체된다. 자괴감, 자존감 하락을 경험한 직원은 업무 의욕을 잃고, 책임이 필요한 업무를 점점 회피한다. 직원들 간의 업무 공백이 생기고, 리더의 눈치를 보는 데 급급하다.

사업의 우선순위도 그때그때 리더의 기분에 따라 달라진다. 오래 고민하고 예측했던 사업계획이 리더의 감정 변화에 따라 한순간에 바뀌면서 업무의 일관성이 없어진다. 결국 사장의 분노는 회사 성과에 부정적인 영향을 미친다.

직장에서 상사가 화를 낸다는 것은 직원에게 수직관계를 확인시키는 일이다. 즉, 리더의 분노는 화내는 당사자가 상위의 포지션에 있다는 것을 증명하고, 직원에게 상명하복을 주지시키는 것이다.

조직 내에서 강력한 수직관계가 형성될수록 주도적·능동적·창의적인 직원의 역할을 기대하기 어렵다. 수동적인 조직 문화가 형성될수록 직원 개인의 업무 역량 강화나 성장의 기회가 만들어지기 힘들고, 나아가 조직 전체의 성과 향상과 성장에 부정적인 영향을 초래한다.

직원과 감정적 거리두기

사장도 사람인지라 일을 하다 보면 직원들의 어이없는 실수, 반복되는 실패, 신뢰를 저버리는 행동, 부족한 마인드 셰어 등의 이유로 화가 나기도 한다. 조직의 리더로서 분노를 표출하지 않도록 개인의 감정을 제어하는 노력도 필요하지만, 핵심은 '직원과의 커뮤니케이션 스킬' 차원의 노력이다.

대표적으로 업무가 아닌 직원 개인의 영역을 비난하지 않기, 감정적인 언어를 섞어 화내지 않기, 직원 개인의 자존감 존중하기 등이 현명한 리더의 커뮤니케이션 스킬이라 할 수 있다. 궁극적으로 조직 성과를 저해하는 '화내는 리더'가 되지 않기 위해 리더는 일의 본질에 충실해야 한다. 즉, 업무의 진행과 성과를 감정보다 우선순위에 두어야 한다. 만약 특정 업무가 기대한 것만큼 진행되지 않을 경우, 업무 담당자에게 화를 내기보다 '이 프로젝트가 왜 안됐는지', '어떻게 하면 더 잘할 수 있는지'에 집중하는 노력이 필요하다.

직원과의 감정적 거리두기도 중요하다. 직원이 종속된 혹은 내 아래에 존재한다는 사장의 마인드는 직원과의 감정의 거리를 없앤다. 감정적 거리가 없어지면, 직원의 사적인 영역을 비난하거나, 감정적인 언어로 직원의 자존감을 낮추는 표현을 하기 쉽다. 만약 사장이 직원을 대할 때 일을 함께하는 파트너로 생각한다면, 업무상 원활한 파트너십을 유지하기 위해 적당한 '감정적 거리두기'는 필수다.

날 때부터 리더인 사람은 없다. 우리는 사회생활을 하며 리더십을 보고 배운다. 앞에서 '리더의 감정 전염'이라는 용어를 소개했는데, 사장의 분노가 다른 직원에게 부정적인 영향을 끼치는 것처럼, 좋은 리더십 또는 나쁜 리더십도 전염되는 게 아닐까 한다.

　리더로서 내 감정이 조직 전체에 큰 영향을 미친다는 점을 충분히 알지만, 만약 화나는 상황에 처했을 때 나는 어떻게 직원과 소통해야 할까? 분명한 점은 현실에 '완벽하게 이상적인 리더십'이 존재하기는 어렵기 때문에 훌륭한 리더십을 위해서는 끊임없는 연습과 반복, 훈련이 필요하다는 것이다.

모호하게
지시하는 사장

흥미로운 이야기가 있다.

취준생이 일하고 싶어 하는 A사 사장은 평소 말을 애매하게 하는 것으로 유명했다. 그런데 계약직 인턴 중 O는 사장님이 "그, 어제 왜 그거 있잖아, 내가 말한 대로 했어?"라고 말하면, 그 말을 기가 막히게 알아듣고 사장님 지시사항을 정확히 진행한다는 것이다.

사장은 점점 O를 통해 업무 지시를 하고, 자신의 주요 일정에 동행하게 했다. O는 결국 사장의 특별비서로 채용되어 사장과 가장 가까이 일하며, 사장의 대변인 역할을 하게 되었다. 심지어 O보다 직급이 높은 직원도 사장의 의도를 헤아리기 위해 O에게 잘 보인다고 한다.

한편 사장 회의 후 2차 회의가 일상인 B사가 있다. 사장은 매번 열심히 지시하는데, 직원들은 정확히 이해하지 못해 2차 회의를 한다. 이 회의에서는 직원들끼리 머리를 맞대고 사장의 의도와 의미를 추리한다. 직원들끼리 저마다 해석하고 일을 진행하다 보니, 사장이 원했던 방향과 다르게 진행되는 경우가 허다하다. 사장의 말을 파악하기 위해 드는 시간과 노력, 원래의 목적과 다른 방향으로 일이 진행되었을 때 드는 비용과 부진한 결과를 고려하면 B사의 2차 회의는 참 비효율적인 셈이다.

우리는 애매모호하게 업무 지시를 하는 리더를 심심치 않게 만난다. 문제는 사장의 모호한 지시나 질문이 일을 엉뚱한 방향으로 가게 할 수 있고, 직원은 사장의 말을 해석하는 데 필요 이상의 시간과 에너지를 써야 한다. 사장은 왜 모호하게 업무 지시를 하는 걸까?

해당 업무를 정확히 알지 못하는 경우

IT 기업에 새로 영입된 J사장은 세일즈 분야의 살아 있는 신화였다. 이 회사의 임원 대부분은 IT 전문가였는데, 조직의 매출 증가와 영업 능력을 강화하기 위해 J사장을 어렵게 모셔왔다. 그런데 얼마 후, 직원들은 큰 혼란에 빠졌다. 사장이 업무 포인트를 정확히 짚지 못하고, 애매하게 지시하는 일이 반복되었다. 일이 IT계 생리에 맞게 진행되지 않고, 속도감 있게 처리되지 못했다.

특수성·전문성을 지닌 회사에서 유능한 외부 인사를 리더로 영입할 때 주로 발생하는 이슈다. 사장이 해당 업무를 정확히 이해하거나 파악하지 못할 경우, 사장은 애매하게 업무 지시를 하게 된다. 직원에게 올바른 지시와 질문을 해야 면이 서는데, 말 그대로 사장이 잘 모르니까 모호한 지시와 질문을 하는 경우다.

직원의 생각을 들어보고 싶은 경우

업무의 방향성, 문제의 해결방안은 이미 사장의 머릿속에 있다. 그런데 정답을 미리 말하지 않고, 소위 열린 결말처럼 '만약 김 팀장이 나라면, 어떻게 할 것 같아?' 또는 'A안, B안 중 어떤 안으로 가야 할까? 김 팀장은 왜 B안은 안 된다고 생각해?'라고 광범위한 질문을 던지는 것이다.

사장은 자신의 모호한 질문에 직원이 어떤 대답을 하는지 궁금해한다. 또한 구체적인 질문이나 지시가 생각의 폭을 제한할 수 있으니, 광범위한 질문을 던진다. 직원의 창의성이나 생각하는 역량을 기르는 데 도움이 되고, 본인이 생각하지 못한 아이디어가 나올 수도 있다고 생각한다.

그런데 이렇게 대화하다 보면, 직원의 입장에서는 '사장이 내 창의성이나 열정을 테스트하나?'라는 생각이 들 수 있다. 이런 대화가 반복될 경우, 직원들은 업무 자체보다 사장의 의도 파악하기가 우선시될 수도 있다.

원래 애매모호하게 말하는 경우

사장의 말하는 방식 자체가 애매모호한 경우도 있다. 말을 장황하게 하거나, 논점이 왔다 갔다 하거나, 말하는 의도나 지시사항을 전혀 파악할 수 없게 말하는 방식이다. 사장이 해당 업무를 잘 몰라 애매하게 질문하는 경우는 답은 정해져 있는데 직원의 생각을 들어보고 싶은 경우보다 훨씬 개선되기 어려운 상황이다. 말하는 습관을 고치려는 리더의 노력이 필요하기 때문이다.

현실적으로 직원이 애매모호하게 말하는 사장을 바꾸기는 어렵다. 직원은 사장의 말을 못 알아듣는 직원으로 낙인이 찍힐까 봐 걱정하거나, '센스 없는 직원'으로 평가될까 봐 걱정한다. 그래서 사장의 지시를 정확히 이해하지 못해도 계속 질문하길 어려워한다.

게다가 사장의 권위가 매우 중요하거나 수직적인 조직 문화가 강조되는 회사의 경우, 사장의 지시가 명확해질 때까지 직원이 질문하기는 더욱 어렵다. 분명한 위계질서에서 직급이 낮은 직원은 질문할 기회가 거의 없고, 모두가 질문하지 않는 분위기에서 질문하는 건 눈치가 없거나 혼자 튀는 것을 좋아하는 직원으로 평가되기 쉽다.

결국, 사장의 모호한 지시는 직원의 입장에서 개선되기 어렵기 때문에 리더 스스로 본인의 지시와 질문을 간결하고 명확하게 하는 노력이 필요하다. 사장은 업무의 핵심을 정확히 파악하고, 직원에게 목표와 목적에 맞는 질문과 지시를 해야 한다. 마치 사장님의 숨은 의도 찾기처럼 장황한 말, 무작정 직원에게 생각할 거리를 던지는 질문은 직원의 업무 효율성을 떨어뜨린다.

특히 중간관리자와 실무진에 포진해 있는 '요즘 세대'와는 명확하고, 간결하게 메시지를 전달하는 방식으로 소통하는 법이 필요하다. 직원의 성향이나 선호하는 업무 방식에 따라 직접 지시를 하거나, 직원이 주도적으로 답을 찾을 수 있도록 이끄는 리더의 대화 스킬이 필요하다.

만약 사장이 해당 업무를 잘 몰라서 애매모호한 업무 지시를 하는 경우는 사장의 영역과 직원의 영역을 나눠서 그 역할에 충실할 필요가 있다. 사장은 직원의 업무 영역을 인정하고 주도적으로 할 수 있도록 존중한다. '이 분야에서는 나보다 ○○이 더 전문가니까'라고 직원과 솔직하게 소통하는 것이 사장이 모른다는 것을 감추는 것보다 오히려 사장의 리더십과 신뢰 쌓기에 도움이 된다. 물론 리더로서 올바른 결정을 내릴 수 있도록 해당 업무를 이해하고 핵심을 파악하려는 노력이 수반되어야 한다.

'리더의 말하기'는 단순히 유창한 화술을 자랑하는 것 이상으로 꾸준한 반복과 연습이 필요하다. 신입사원 시절에 메일 쓰는 법, 전화 받는 법, 비즈니스 언어로 소통하는 법을 익히는 것처럼, 효율적이고 생산적인 회의가 성과로 이어지게 하기 위해서 리더로서 명확하고 간결하게 말하는 법을 훈련하고 연습해야 한다.

찰떡같이 말하는 사장, 찰떡같이 알아듣는 직원을 위해 간결하고 명확한 지시, 질문을 하는 연습을 해보면 어떨까?

의심하는 사장

코로나 시기를 보내면서 재택근무를 시행하는 회사가 많아졌다. 그런데 재택근무 중 웃지 못할 사례가 종종 공유되고 있다.

"전 직원이 정장 입고 화상 회의를 하는데, 갑자기 부장님이 일어나보라고 해서 일어났어요. 사실 위에만 와이셔츠 입고, 하의는 잠옷이었는데…."

"5분마다 팀장님께 사내 메신저가 와요. 제가 자리를 비웠는지, 일을 하고 있는지 감시당하는 느낌이에요. 무서워서 화장실도 못 가겠어요."

언택트 시대는 회사 생활에도 큰 변곡점이 되었다. (일부 업종에 한해) 재택근무와 비대면 미팅의 일상화, 절대적인 근무 시간보다 성과, 업무 효율성이 중요해진 조직 문화, 애자일 방식의 경영까지, 우리에게 익숙한 조직 생활의 많은 부분이 바뀌고 있다. 그리고 변화하는 조직 생활에서 중요한 가치 중 하나는 '리더와 팀원 간의 신뢰를 쌓는 일'일 것이다. 리더가 5분마다 팀원에게 메시지를 보내 재택근무를 제대로 하고 있는지 확인하는 일은 리더와 팀원 간의 신뢰가 부족하기 때문에 일어난다.

물론 언택트 시대 이전에도 리더와 팀원 간의 신뢰는 성과 향상, 조직 성장에 매우 중요했다. 그러나 이제 서로가 일하는 것을 직접 볼 수 없고, 비대면 미팅과 보고가 늘어나면서 리더와 팀원 간의 신뢰는 조직에 필수적인 가치가 되었다. 리더는 의심이 많을 수밖에 없는 자리일 수 있다. 리더가 되기까지 수많은 사람을 만나며 달고 쓴 경험을 했기 때문에 사람을 쉽게 믿기 어렵고, 조직 내 인간관계 때문에 트라우마까지 생긴 리더도 있을 것이다. 또한 리더는 결과에 대한 막중한 책임과 모든 프로젝트를 거시적으로 관리해야 하니, 끝없이 질문하고 의심하고 검토하는 게 익숙한 자리다.

그러나 리더에게 끊임없이 의심받는 팀원은 도무지 업무 의욕이나 동기 부여가 생기지 않는다. 열심히 일한 것에 대한 보상이나 칭찬 대신 의심과 불신을 받으면, 회사에 대한 충성도도 떨어진다. 나아가 팀원은 주도적으로 일하는 것을 꺼리거나, 소위 보이는 업무에만 치중할 수도 있다. 리더의 불신이 앞에서는 열심히 일하는 척, 뒤에서는 근무 태만한 직원을 만들고, 결국 그 조직은 리더가 신뢰할 수 없는 건강하지 않은 조직을 만드는 것이다.

직원은 리더의 어떤 점을 보고 리더가 직원을 의심하고 불신한다고 생각할까? 직원을 믿지 못하는 리더는 직원들을 어떤 방식으로 일하게 할까?

사장은 영업부 B부장에게 매주 업무 보고를 받는다. 그런데 실무에 대한 디테일은 영업부 부서원 C과장을 따로 불러 질문한다. B부장은 자신이 동석하지 않은 미팅에서 C과장이 사장과 독대하는 것이 불편했지만, 사장의 스타일을 인정하고 존중했다.

그러던 어느 날, 사장이 C과장을 불러 질문했다. "요즘 B부장 일 열심히 해? 업무 파악은 제대로 하고 있나? 좀 한가한 것 같던데. C과장이 보기엔 어때?" C과장은 사장이 B부장을 불신한다고 생각하고, 사장이 했던 말을 동료들에게 이야기했다. 그런데 이 말이 B부장 귀에 들어갔다. B부장은 사장이 자신을 믿지 못한다고 생각하며, 평소 사장이 C과장을 따로 불러 실무자 미팅을 하는 이유가 자신을 감시하고, 평가하기 위해서라고 생각했다.

B부장은 회사와 사장에 대한 충성도가 급격히 떨어졌다. 업무에 대한 열정과 동기 부여를 잃었고, 이후 팀의 리더로서 눈에 보이는 성과에만 신경 쓰거나, 팀 전체의 공을 본인 혼자만의 것으로 돌리기 시작했다. 몇 개월 후 사내 감사 결과가 발표되었고, 부실한 성과를 포장하기 위해 사규를 어긴 B부장은 징계 대상에 포함되었다. 사장은 직원들이 있는 자리에서 "역시 믿을 직원 하나 없어. 이래서 항상 감사를 해야 한다니까. 일 열심히 안 하고, 성과를 조작하는 직원은 앞으로도 확실히 징계해서 다른 직원들에게도 본보기를 보일 것"이라고 말했다.

B부장 사건과 사내 감사 이후 사장이 직원을 불신하고 의심하는 성향

이라고 인지한 직원은 자신도 언제든지 의심의 대상이 될 수 있다고 생각했다. 사장이 팀의 리더 없이 실무자 미팅을 진행하는 날이면 팀 분위기가 험악해지고, 팀 리더와 팀원 간의 갈등마저 생겼다.

직원들은 소위 총대 메는 업무를 회피하기 시작했다. 어떤 프로젝트에서 주도적으로 나서거나 책임을 지는 일은 사장에게 주요 감시의 대상이 될 수 있다고 생각했다. 때론 리스크를 안고 공격적으로 진행해야 하는 일도 꺼렸다. 직원들은 사장에게 조금이라도 의심의 여지를 줄 수 있는 일을 처음부터 피했다. 사장이 불신하고 의심했던 직원의 모습은 점점 현실이 되고 말았다.

B부장의 업무 의욕 상실과 충성도 저하의 원인은 무엇일까?

먼저 사장의 미팅 방식에 그 원인이 있다. B부장이 책임자로 있는 프로젝트에 대한 구체적 질의를 B부장을 배제하고 실무 담당자를 따로 불러 미팅을 한 것이다. 사장은 팀의 리더(B부장)에 대한 배려를 하지 않았다.

사장의 입장에서 실무자의 빠르고 자세한 피드백이 필요할 경우 책임자를 동석한 미팅이나 책임자를 참조에 넣은 메일, 또는 (아주 긴급할 경우) 전화나 메신저 등이 현명한 소통 방법이 될 수 있다.

직원들은 왜 A사장이 직원을 의심하고 불신한다고 생각할까?

사장은 C과장에게 오해의 소지가 있는 질문을 했다. 실무자 미팅에서 직원에게 자신의 상사를 평가해야 할 법한 질문을 하는 것이 나중에 알려졌을 때, 직원들은 '사장이 직원들을 믿지 못하고 있구나', '나도 언젠가 저렇게 다른 직원과 사장의 독대 자리에서 평가받겠구나'라고 의심할 수 있다.

사장의 말 한마디는 때론 직원과 조직 전체에 어마어마한 영향을 준다. 사장의 말에 직원들의 생각이 더해지면서 사장의 성향에 대한 여론이 형성될 수도 있다. 따라서 조직의 리더는 무심코 던진 말이 가져올 파급 효과를 고려해야 한다.

회사에서 직원과 사장이 무조건 믿고 일하는 것은 현실성이 부족한 이야기다. 따라서 사장과 직원 간의 업무적 신뢰 관계를 쌓을 수 있는 시스템과 프로세스가 필요하다. 상호 업무에 대한 약속과 그 이행 과정을 공유할 수 있는 시스템, 그리고 목표와 실행 계획, 그 과정과 결과를 공유할 수 있는 프로세스는 직원과 사장 간의 신뢰를 형성하는 데 꼭 필요하다. 특히, 언택트 시대에서 더욱 중요하며, 회사의 상황과 환경에 따라 업무적으로 신뢰를 쌓을 수 있는 시스템과 프로세스의 진화가 필요하다.

직원이었을 때를 돌아보면, 리더가 자신을 믿고 있다는 것이 일할 때 얼마나 큰 동기부여가 되는지 생생할 것이다. 사장으로서 직원의 업무 의욕을 높일 수 있는 것은 어쩌면 탄탄한 시스템과 프로세스 마련, 현명한 미팅 방식 이전에 '리더인 내가 직원인 당신을 늘 신뢰하고 존중하고 있다'라는 메시지가 더 효과적이지 않을까?

왕이 된 사장

회사마다 다양한 조직 문화가 있다. 조직 문화는 대체로 리더의 업무 스타일과 성향을 닮는다. 각양각색의 리더십이 있다고 하더라도 결국 리더십의 목적은 구성원과 함께 목표한 성과를 내는 것이리라.

그런데 업무 자체보다 리더의 업무 방식과 성향에 맞추기 어려워하는 팀원이 많다. 특히 리더가 권위적·통제적·수직적일 때 업무 자체보다는 리더의 성향 때문에 퇴사나 이직을 고려하는 경우가 더 많다.

리더의 위치를 잘못 이해하고, '사장이 곧 왕이다'라고 생각하는 리더가 있다. 자신을 왕이라고 생각하는 리더의 문제는 '직원을 신하로 인식하는 것'에서 시작한다. 직원은 사장의 말에 절대 복종해야 하고, 시키는 대로만 해야 하며, 사장의 뜻에 반하는 의견을 낼 수 없다고 생각한다.

이미 2000년대생이 조직에 와 있는 시대다. 직원 중에는 M(밀레니얼)세대는 물론, 1990년대 중반에서 2000년 초반에 걸쳐 태어난 Z세대까지 있다. 조직의 장기적인 성장을 위해서는 이제 능력 있고 업무 역량이 뛰어난 MZ세대를 채용해 중간관리자로 키우고, 그들의 리더십을 기르는 것이 필수 과제가 되었다.

과거 베이비붐 세대에서 유행하던 '출근할 때 간하고 쓸개는 집에 두고 나온다'라는 말은 영업이나 특정 직군만의 이야기는 아니었다. '부하직원'의 위치에서 상사에게 잘 보이기 위해, 회사에서 더 오래 버티고 살아남기 위해, 일할 때는 자존심을 버려야 한다는 생각을 받아들였다.

그런데 MZ세대에게 '일'이란, 자신을 표현하는 하나의 수단이다. 자존심을 버리며 추구해야 할 목적이 아니라 내 생활과 삶의 한 부분일 뿐이다. 당연히 '워라밸(work-and-life balance의 줄임말로 일과삶의 균형을 의미한다)'이 중요하고, 업무할 때에도 존중받고 인정받으며 자존감을 높이길 원한다.

만약 자신을 왕이라고 생각하는 사장이 MZ세대와 일한다면 어떻게 될까? 직원은 사장에게 무조건 복종해야 하고, 사장과 다른 의견을 낼 수 없으며, 사장이 시키면 이유 불문하고 일해야 하는 상황이라면? 과연 이 회사의 미래는 어떻게 될까?

저 지금 봉건 사회에 있나요?

오늘은 본사 사장이 방문하는 날이다. M대리는 엘리베이터 앞에서 사장과 임원들을 마주쳤다. 임원들이 먼저 엘리베이터를 타길래 M대리도 따라 탔고, 이어서 사장이 탔다. 그런데 엘리베이터 안에 있는 임원들은 한결같이 사장 앞에서 어깨를 좁히고 머리를 숙인 채 바닥을 응시하고 있다. M대리는 순간, '나도 저런 자세로 있어야 하나' 하고 잠깐 고민했다.

"M대리, 사장님께 드릴 자료는 컬러 레이저 프린터 고화질로 출력했지? 사장님 땀 많이 흘리시니까 회의실 온도는 22도로 딱 맞춰놓고, 다과는 지난번에 사장님이 잘 드셨던 그 다과로 딱 세팅하고. 자 빨리빨리."

평소 중요한 일에 '딱~ 딱~'을 자주 사용해 '딱 부장'으로 불리는 부장님의 쉴 새 없이 쏟아지는 재촉에 맞춰 M대리의 손과 발도 저절로 움직였다. 하지만 M대리는 태블릿과 노트북이 있는데, 왜 출력물을 준비해야 하고, 왜 회의와 상관없는 다과까지 준비해야 하는지 납득하기 어려웠다. 사장 회의는 주로 임원과 부서장이 참석하는데, 안건에 따라 실무자가 참석하기도 한다. 이번 회의는 M대리를 포함해 몇몇 실무자도 참석하게 되었다.

"누가 이런 식으로 자료를 만들라고 했나? 시키는 일도 제대로 못 해?"

호통을 치면서 보고서를 던지는 사장을 본 M대리는 너무 놀라서 물컵을 쏟을 뻔했다. 이번 보고 자료에는 새로운 내용이 많다 보니 기존의 형식과 다르게 작성한 것이 사장을 화내게 한 것이었다. 어떤 임원은 이를 설명하려고 애썼고, 어떤 부서장은 죄인처럼 '죄송합니다'를 연달아 말했고, 어떤 부서장은 머리를 숙이고 테이블만 바라보고 있었다. M대리는 내용보다는 형식을 중요시하고, 사장이 선호하고 익숙한 것이 그 형식의 기준이 되는 것을 받아들이기 어려웠다. 더욱이 호통치고 자료를 던지는 사장의 행동과 회의 내내 직원을 함부로 대하는 태도, 그리고 이런 부당한 상황에 이의를 제기하는 사람이 아무도 없다는 것이 실망스럽고 혼란스러웠다.

살얼음판 위를 걷는 것 같은 숨 막히는 회의가 끝나고 점심시간이 되었다. 사장을 필두로 임원과 부서장이 홍해처럼 갈라져 사장의 뒤를 절도 있게 따라가는 모습을 본 M대리가 떠올린 것은 TV 속 어느 사극에서 본 왕의 행차 장면이었다. 그때 M대리에게 Z사원으로부터 문자 한 통이 왔다.

"M대리님, 저 내일부터 출근 안 해요. 그래도 M대리님하고 일해서 즐거웠어요. 왕 없는 회사로 이직하려고요. 그동안 고마웠어요."

이 시대 리더에게 필요한 것, 존중과 인정

MZ세대가 회사를 견인하는 조직에서 왕의 모습을 한 리더는 점점 설 자리를 잃게 된다. MZ세대는 자신을 신하로 여기고, 무조건 복종하도록 지시하는 리더를 훌륭한 리더라고 생각하지 않는다. 능력 있고 업무 역량이 뛰어난 MZ세대 직원일수록 본인을 존중하고 인정하는 리더와 일하길 희망한다.

앞으로 중간관리자, 팀의 리더와 임원까지 할 MZ세대는 직원을 파트너로 대우하는 리더와 함께 일할 것이다. 사장과 직원의 관계를 주종 관계로 생각하는 리더 곁엔 유능한 직원이 남기 어렵다.

훌륭한 직원, 일 잘하는 직원은 조직 성장의 가장 큰 동력이다. 결국 리더십의 목적은 구성원과 함께 목표한 성과를 내는 것이며, 훌륭한 리더십은 조직 구성원과의 훌륭한 파트너십을 발휘하는 데에서 시작한다.

왕과 리더의 차이

왕은 본인의 독단적인 결정이 전체의 결정이 되지만, 리더는 조직 구성원의 결정을 수렴하거나, 경청하거나, 때론 조직을 설득해 결정을 내린다. 왕은 본인의 성향, 사상, 경험, 소수 신하의 의견에 의존하지만, 리더는 객관적인 데이터와 성과, 합리적인 의사 결정, 체계적인 업무 처리 방식에 의지한다.

왕은 신분과 족보에 따라 인재를 등용했고, 바른말하는 충신과 아첨하는 간신을 본인의 판단으로 구별했다. 반면 리더는 업무 성과, 능력, 팀워크, 리더십 등 다각적인 기준에 따라 인재를 채용하고 성장시키며, 전문 HR 담당자, 인사 평가제도 등을 통해 유능한 인력을 관리한다.

어떤 조직에서나 리더의 영향력은 상당하다. 리더의 성향, 업무 스타일이 조직의 분위기와 업무 방식을 만들고, 리더의 조직 관리 방식이 곧 중간관리자가 본인의 팀을 관리하는 방식이 된다. 역량 있는 MZ세대 직원이 일하고 싶은 회사, 능력 있는 MZ세대 직원과 같이 성장하는 회사의 리더는 어떤 자질을 갖춰야 할지 한번 생각해보면 어떨까?

어린아이 같은 사장

"사장님, 이렇게 현명한 결정을 해주시니 이번에도 프로젝트가 아주 잘될 것 같습니다. 역시 사장님의 통찰력은 대단하십니다."

S사에는 불문율이 있다. 사장이 참석한 회의에서는 반드시 사장을 칭찬하는 말을 한다는 것이다. 사장의 존재를 인정하고 칭찬하면 일단 회의 분위기가 좋아진다. 직원들이 사장에 대한 칭찬과 인정 여부에 따라 회의 분위기가 반전된다.

"김 과장, 내가 예전에 회사 역사상 전무후무한 프로젝트를 혼자 다 해냈지. 그래서 김 과장이 무슨 이야기를 하는지 내가 더 잘 알지. 그때 큰 사건이 있었는데, 나 혼자서 12명을 상대했지…."

사장은 자신이 인정받는다는 것을 자주 확인하고 싶어 한다. 웬만한 사건이나 사고의 중심에 자신이 있었다는 무용담을 즐겨 말하거나, 조금 아는 것을 아주 많이 아는 것처럼 과장해서 말하기도 한다.

"사장님, 이번 대행사 미팅에 참석하셔서 제안서도 봐주시고 사장님의 고견도 말씀해주시면 감사하겠습니다."

사장은 어느 자리에나 자신이 중심에 있어야 하고, 회의를 포함한 모든 행사나 모임에서 자신이 주인공의 모습일 때 만족스러웠다.

직원들은 모든 결정과 위기 상황에 등장해 일을 해결하고 인정받고 싶어 하는 사장이 스스로 '영화 속 슈퍼 히어로'처럼 인정받고 싶어 한다고 여겼다. 직원들은 사장이 주인공인 놀이에서 조연이나 엑스트라 역할을 하고 있다고 자조한다. 회사 내에서는 그런대로 그 역할을 해줄 수 있지만, 외부인과의 미팅에서의 창피함은 직원의 몫이다.

"김 과장, 이번 대행사 미팅에서 내가 전문가로서 이야기했는데도 별 반응이 없더군. 대행사의 제안대로 하면 절대 성공할 수 없어."

사장은 대행사 미팅에서 자신의 취향과 선호를 이야기하면서 은근 인정받기를 원했다. 그러나 직원들조차도 동조하기 어려워 묵묵부답이었고, 설상가상 대행사에서는 사장의 의견과는 다른 제안을 했기에 불쾌함을 드러냈다.

사장의 눈치를 살피던 직원들은 결국 사장의 의견이 옳다며, 대행사에는 S사가 원하는 내용 그대로를 따라 줄 것을 요구했다. 이번 미팅을 계기로 사장은 자신을 인정하지 않은 대행사가 무능하다고 평가했다. 대행사 역시 S사의 문제와 이슈를 진단하고 개선하려는 노력보다 고객사 사장에 무조건 맞장구치는 것을 더 중요하게 생각하게 되었다.

조직은 리더를 닮는다

조직의 리더는 그 자리에 오르기까지 큰 노력을 했고, 그 결과 상사, 동료, 팀원으로부터 줄곧 인정과 칭찬을 받았을 것이다. 게다가 성향상 스포트라이트 받는 것을 좋아하는 사람이 리더가 되었을 때, 인정받고 싶은 욕구가 더욱더 강해지기 마련이다. 자신이 가장 인정받아야 한다고 생각하는 리더는 그 위치에 있고 싶은 강한 열망이 좋은 성과를 맺는 원동력으로 작용할 수도 있다.

그러나 지나치게 칭찬과 인정받기 좋아하는 리더 주위에는 리더 비위에 맞추기 위해 아부하는 사람들로 에워싸이게 될 수 있다. 주위에 아부하는 사람들이 많다면, 리더는 상황을 객관적으로 판단하고 올바른 의사 결정을 할 수가 없다. 리더의 가장 중요한 역할인 결정과 판단에 오류를 자초할 수 있다. 또한, 다른 사람들의 관심과 인정에 집착해 직원의 노력을 인정하기보다는 자신의 성과를 과시하는 것을 더 중요하게 여길 수도 있다.

결국 리더의 강점은 동전의 양면과 같아 좋은 결과를 이끄는 힘이 될 수도 있지만, 잘못 발휘되면 성과를 내는 데 걸림돌이 될 수 있다. 리더는 자신의 강점을 알맞은 때와 장소에서 발휘하고, 조직에 긍정적인 영향을 미치도록 관리하는 것이 중요하다.

성숙한 리더가 되는 길

리더의 성향이 조직 문화에 반영되므로 어린아이처럼 항상 칭찬받고, 인정받고 싶어 하는 리더가 이끄는 조직은 성숙하기 어렵다. 조직 성장을 위해 건설적인 비판이 오가거나 리더와 다른 의견은 받아들여지지 않는 조직 문화를 만든다.

또한 직원 역시 리더가 주인공인 회사의 조연, 엑스트라 역할만 하느라 주도적으로 일하기 어렵다. '내 일', '내 프로젝트', '내 회사'라는 생각과 책임감을 느끼기 힘들기 때문이다. 조직의 목적이 회사와 직원이 함께 성장하는 데 있는 것이 아니라 리더를 인정하고 칭찬하는 데 있다면 직원도, 조직도 발전하지 못하고 정체한다.

조직 구성원을 영화 촬영 현장에 대입하면, 리더는 어떤 위치에 있어야 할까? 리더는 주인공이 아니라 영화감독이라는 것에 대부분 동의할 것이다. 한 영화감독은 "감독의 일이란, 아이디어가 결실을 보도록 올바른 환경을 만들기 위해 모든 외부 요소를 관리하는 것"이라고 했다. 회사의 리더 역시 조직이 최선의 성과를 낼 수 있도록 전체를 보고 내·외부 요소를 관리하는 사람이지, 늘 조명받고 화면에 직접 등장하는 주인공이 아니다.

만약 리더라면 때론 조직 내에서 일어나는 일을 내가 감독하는 영화라 여기고, 무대 밖에서 바라보면 어떨까? 리더는 자신이 칭찬과 인정을 받기보다 무대 안에서 작품을 만드는 사람들, 즉 실무 직원들을 돌보고 격려해야 하는 위치다. 더 나은 조직 문화와 조직의 성과 개선을 위해 직원을 먼저 인정하고 아낌없이 칭찬하는 것이야말로 리더가 인정받고 칭찬받는 방법이다.

훌륭한 조직 문화 자체가 곧 리더의 존재감에 대한 인정이다. 또한 조직의 높은 성과 자체가 리더가 받는 최고의 칭찬이다. 성숙한 리더는 직원을 먼저 인정하고 칭찬하며, 조직 전체를 성장시킴으로써 훌륭한 리더십을 인정받는다.

누구에게나 조직에서 인정받고 싶은 욕구가 있다. 이 욕구가 건설적으로 발현되면 조직에 대한 소속감, 애정, 개인의 성과 향상에 긍정적인 영향을 미친다. 성숙한 조직을 이끄는 성숙한 리더는 성과 창출, 관리와 경영, 회사의 성장으로 먼저 증명해 보이고, 직원의 표나는 칭찬과 인정 없이도 중심을 잡고 리더십을 발휘한다. 성숙한 리더가 되기 위해 나는 어떤 노력을 하고 있는지 한번 돌아보면 어떨까?

선생님 같은 사장

학창 시절, 혹시 부러움과 선망의 대상이 되는 친구를 만난 적 있는가? 아마 성격이 좋거나 유머러스해 인기가 많거나, 공부나 운동을 잘해 친구를 잘 도와주거나, 궂은일을 도맡아 하는 착한 친구가 떠오를 것이다.

가끔 성격, 성적, 인성이 두루 탁월한 친구도 있다. '엄친아' 또는 요즘 유행하는 말로 '사기캐(사기 캐릭터)'라고도 하는데, 이런 친구의 공통점은 늘 곁에 사람이 많고, 주위에서 인정을 받으며, 모범상을 도맡아 받는다.

사회생활을 하며 만나는 리더는 조직 안에서 '어른'이다. 학교로 치면 선생님과 같은 역할을 담당하는 것처럼 보인다. 반 전체를 책임지고 통솔하며, 굵직한 지시를 내려 학생을 이끌고 관리하는 선생님이 조직 전체를 이끌고 책임지는 리더와 언뜻 닮아 보인다.

그러나 선생님과 리더의 결정적인 차이가 있다. 바로 '가르침'이다. 선생님의 가장 중요한 역할은 학생들을 가르치는 일인데, 리더의 핵심 역할은 직원을 가르치는 일이 아니다. 무엇보다 직원들에게 존경받는 리더, 훌륭한 리더는 직원을 가르치지 않는다.

리더는 직원보다 조직 생활의 경험, 업무경력이 더 많기 때문에 만약 본인의 경험, 경력을 예로 들며 직원을 가르치려 한다면, '꼰대', '라떼는 말이야' 같은 말을 듣기 쉽다. 아무리 도움이 되는 말이라도 리더의 입을 통해 전달되었을 때, 직원이 받아들이기 어렵거나 오해할 수도 있다. 자칫 본인 업무에 대한 부정적인 피드백, 본인의 부족함이나 실수를 지적받는 것이라고 받아들일 수 있기 때문이다.

그럼에도 불구하고 '훌륭한 리더는 직원의 부족함을 발견했을 때 고쳐주고, 모르는 부분을 먼저 알려줘야 한다'라고 생각하는 사람이 있다. 만약 리더의 역할이 선생님처럼 직원을 가르치는 일이라고 생각하는 리더가 있다면, 회사는 어떻게 될까?

일일이 가르치는 리더

T사장은 회사 설립부터 경영까지 주로 혼자의 힘으로 해냈다. T사를 설립해 아르바이트생 1명이었던 회사를 10여 년 만에 직원 30명 규모의 중소기업으로 키워냈다. 업계에서 업무 능력으로도 인정받던 T사장이 회사의 대표가 되어 성공적으로 운영하고 있으니, 초기에는 모든 직원이 그를 존경하고 따랐다.

T사장 역시 본인이 업무 능력, 경험, 경영 노하우까지 모든 면에서 탁월하다는 점을 너무 잘 알았다. 게다가 스스로 일궈낸 회사라 직원 한 명, 한 명이 더 소중하고 귀해 본인이 가진 모든 기술과 노하우를 직원들에게 다 가르쳐주고 싶었다. 그래서 T사장은 바쁜 스케줄을 쪼개 매주 팀별 미팅을 하며, 업무에 대한 피드백 시간을 가졌다.

"아, 배 팀장, 그렇게 하지 말고. 이 일은 A부터 해야지. B부터 하면 효율이 떨어진다니까."
"소 팀장, 아니지, 아니지. 처음 진행하는 일이니까 실수할 수 있어. 그런데 시간도 비용도 아끼는 방법이 있다면 좋겠지? 자, 내가 알려줄게. 이따가 메모할 것만 간단히 들고 와봐. 얼마나 좋아? 빠른 방법을 알려주는데. 예전에 나한테도 이런 상사가 있었다면 좋았을 텐데."
"우 팀장, 저번에 내가 가르쳐준 방법대로 했어? 그랬는데 결과가 이렇게 나왔다고? 그럴 리가 없는데, 뭔가 우 팀장이 중간에서 잘못 처리한 거 아냐?"

　직원들은 처음에는 T사장의 가르침이 고마웠지만, 시간이 지날수록 T사장과의 미팅을 꺼리기 시작했다. 리더로서 능력은 인정하지만 사소한 업무까지 T사장이 가르치고, 본인이 잘 아는 방식대로만 일하도록 지시했기 때문이다.
　게다가 T사장은 점점 업무 외적인 일에 대해서도 가르치기 시작했다. 퇴근 후에 업무에 도움이 되는 기술 좀 배우러 다녀라, 어떤 업체에 미팅 갈 땐 어떤 스타일로 옷을 입어라, 월급 아끼고 커피 좀 그만 사 먹어라,

그리고 우연히 직원과 일대일로 만나면 이사, 결혼, 육아와 같은 직원의 사생활에 대해서도 일일이 가르치려 했다.

직원들은 선생님 같은 T사장과 마주치는 것이 불편했다. 예전처럼 업무 중 모르는 게 있거나, 어려운 게 있을 때 T사장에게 물어보는 직원도 없었다. 업무, 사생활까지 모두 가르치려는 T사장을 직원들끼리는 '학주(학생주임)'라고 불렀고, 사장과의 팀미팅 시간에는 질문하거나 의견을 내는 직원이 없었다.

또 일부 직원은 T사장의 가르침에 대해 노골적으로 싫어하는 티를 냈다. 사장이 모든 사소한 일 하나하나까지 보고받고, 자신의 방식대로 가르치고 처리하다 보니 관리자나 실무자로서 책임과 권한이 없을 뿐만 아니라 오래 일한 직원조차 못 믿는 것처럼 보이기 때문이었다.

"우리 회사는 말수 적은 조용한 직원들만 있는 것 같아."

T사장이 어느 날 회의에서 관리자들에게 던진 말이다. 더 많이, 더 깊이 소통해야 하는 관리자 역시 T사장과의 미팅을 피하고 싶어 했다. 직원들은 점점 선생님 같은 T사장과 소통하지 않게 되었다.

좋은 리더는 모범적인 친구

T사장의 사례처럼, 리더의 가르침이 지나치면 때론 직원과 소통하기 어려워질 수 있다. 심지어 부정적인 피드백, 지적이 아닌 본인의 기술, 노하우를 가르쳐주려는 선의였다고 하더라도 리더의 가르침이 반복될 때 직원은 리더와 소통하는 것을 꺼릴 수 있다.

훌륭한 리더는 가르치지 않고, 대신 직원이 직접 보고 배울 수 있도록 모범을 보인다. 리더로서 본인의 업무와 역할에 충실하며 열심히 일하는 모습, 조직 전체에 이익이 되는 성과를 만들어내고 이를 책임지는 모습, 평소에도 보고 배울 수 있는 선행이나 존경할 만한 인품에서 직원은 진정한 리더십을 느낀다. 학교생활에 대입해보면 직원들에게 훌륭한 리더는 선생님의 역할을 하기보다 '모범적인 친구'의 역할에 가깝다. 성적, 성격, 인성 면에서 두루 완벽한 모범적인 친구 같은 리더가 직원들이 존경하고, 보고 배울 수 있는 리더다.

흔히 리더가 갖춰야 할 덕목으로 '솔선수범'을 많이 꼽는다. 생각해보면 '솔선수범'처럼 갖추기 어려운 자질도 없다. 조직 전체를 위한 성과, 리더로서 다수의 직원에게 존경받을 만한 성격, 그리고 일상생활과 업무 중 틈틈이 보이는 됨됨이까지, 모든 면에서 완벽해야 모범적인 리더로 인정받기 때문이다. 그래서 리더의 자리는 어렵다.

직원을 가르치려는 리더는 직원들의 마음을 쉽게 잃을 수 있다. 사람인지라 모든 면에서 완벽하기 어려운 리더가 여러 직원을 가르치려 하면, 역으로 직원들로부터 리더의 성과, 성격, 인품을 부정적으로 평가받거나 의심받기 쉽다. 이 세상에 완전무결한 리더는 찾기 어렵고, 모든 직원을 다 만족하게 하는 완벽한 리더는 없으므로 가르치는 리더는 비난받기 쉽다. 업무의 부족한 부분을 가르치는 일은 사수, 선배의 역할이다. 회사에서 사장의 역할은 회사 전체의 성과를 생각해 올바른 결정을 내리고, 직원 전체의 이익을 위해 맡은 책임을 다하는 것이다.

좋은 리더는 가르치는 선생님이 아니라 직원들이 보고 배울 수 있는 모범적인 친구에 더 가깝지 않을까? 리더로서 책임지고 만들어야 할 성과, 회사 전체가 팀워크를 발휘하는 데 도움이 되는 성격, 그리고 직원들이 존경하고 인정하는 인품을 두루 갖춘 리더 곁에는 늘 훌륭한 직원이 많고 존경과 인정이 따르지 않을까?

브레인 사장

B사는 '일 잘하는 회사'로 소문나 있다. 사장을 포함한 모든 직원이 일사불란하게 일을 처리한다. B사장은 한 치의 오차 없는 자사의 업무 처리 방식에 대한 자부심이 대단하다. 그런데 B사장은 전형적 '지시형 리더'다. 회사에서 자기 자신만이 유일한 브레인이라고 믿는다. 본인이 가장 뛰어나며, 모든 고급 정보는 자신만 알아야 하며, 자신이 생각한 대로만 조직이 움직이길 바란다.

B사장은 늘 자기 확신에 차 있다. 본인의 탁월함이 지금의 B사를 움직인다고 생각한다. B사장이 가장 선호하는 직원은 단 두 가지 유형이다. 시키는 일을 빨리해내는 사람과 사실 그대로를 정확히 보고하는 사람이다. 즉, 자신이 브레인 역할을 하고 직원은 손발의 역할을 할 때, 조직이 가장 잘 돌아간다고 믿는다.

B사는 정말 일 잘하는 회사일까?

B사에 적응된 직원들은 사장의 지시에 신속하게 움직이며, 익숙해진 업무를 빨리 처리한다. 그러나 새로운 일을 기획하거나 응용이 필요한 업무를 시도하지 않으며, 이런 일은 사장의 업무 영역이라고 여긴다. 주도적으로 일하고 싶어 하는 직원이나, 자신의 아이디어를 냈다가 여러 번 거절당한 직원은 회사에 적응하지 못하고 금방 퇴사했다.

모든 기획부터 업무 분배까지 오랫동안 혼자서 일해왔던 B사장은 요즘 고민이 깊어졌다. 급속하게 바뀌고 있는 시장 상황에서 고객의 기대 수준은 갈수록 높아지며 더 참신하고 새로운 서비스를 요구하고 있기 때문이다. 전적으로 혼자 일 처리를 하는 B사장은 업무적으로나 체력적으로나 버거움을 느꼈다. 이런 상황에서 기존 직원들은 시키는 일 이외에는 할 수 없고, 일 좀 할 수 있을 것 같은 직원은 바로 퇴사하는 일이 반복되고 있다.

리더 혼자만 브레인 역할을 하는 B사의 미래는 어떨까? 리더가 아무리 뛰어난 전문가라 할지라도 결국 한 사람의 경험·정보·시야에 갇힌 결과물은 시간이 갈수록 경쟁력을 잃기 쉽고, 조직 전체의 역량도 발전할 수 없다.

'손발만 필요한 리더'의 부작용

포스트 코로나19 '뉴노멀' 시대에 진입하면서 시장 상황, 트렌드는 점점 더 빠르게 변하고 있다. 따라서 리더 한 명에게 의존하는 방식은 실패할 위험이 더 커졌다. 탁월한 리더에게도 사고의 한계가 있다. 급변하는 시장에서 리더의 단편적인 경험, 편향에 의지해 잘못된 결정을 내리는 일은 조직에 큰 위기가 될 수 있다.

손발만 필요한 리더는 조직 전체의 역량을 떨어뜨린다. 리더가 시키는 일만 해야 하는 직원은 성장하기 어렵고 매너리즘에 빠진다. 새로운 업무에 도전하고, 본인 프로젝트를 책임감 있게 할 기회가 없으므로 직원의 업무 역량도 발전하지 못한다.

리더가 시키는 일만 하는 게 익숙하고 편하다고 생각하는 직원만 남게 될 경우, 조직 입장에서도 손해가 크다. 직원의 업무 의욕과 역량이 높지 않아 성과가 나오지 않는데, 투입되는 비용(인건비, 운영비 등)은 계속 발생하니 조직 입장에서는 비용도 효율적으로 사용하지 못하는 것이다.

리더 한 명에게 의존하는 조직은 성장하기 어렵다. 특히 환경적인 요인이 급변하는 뉴노멀 시대에 조직이 발전하기 위해서는 집단 지성이 필요하다.

집단 지성의 힘

집단 지성이란, 서로 협력 혹은 경쟁을 통해 얻게 되는 결과를 의미한다. 즉, 조직 구성원이 '함께' 문제를 해결해나가는 과정이자, 얻게 되는 성과라고 할 수 있다. 조직에서 집단 지성이 필요한 이유는 첫째, 의사 결정을 위한 인사이트 도출을 가능하게 한다. 리더 한 사람의 생각, 경험,

편향, 정보에 의존한 의사 결정은 리스크가 있다. 프로젝트 성공률을 높이고, 조직 성과를 내기 위해서는 가령 A가 조사한 데이터, B가 조사한 시장 트렌드, C가 조사한 경쟁사 분석, D의 전문 지식 등 다각도의 집단 지성을 모아 의사 결정하는 게 훨씬 도움이 된다.

둘째, 집단 지성은 조직의 문제해결 능력을 향상한다. 특히 조직 외부에서 어려운 문제가 발생했을 때, 리더 한 명의 해결책보다 조직원 전체가 협력해서 찾은 해결책이 문제 해결의 가능성을 더 높인다. 즉, 조직에 문제가 발생했을 때, 집단 지성에서 나온 여러 해결책 중 가장 적절한 것을 활용해 빠르게 문제를 해결할 수 있다.

셋째, 안정적인 조직 성과는 결국 집단 지성에서 나온다. 천재적인 리더가 손발 역할만 하는 직원을 소위 '하드캐리'한다고 하더라도 한계가 있다. 리더가 순간 잘못된 의사 결정을 하거나 리더가 대응하지 못하는 문제가 발생했을 때, 조직 성과는 크게 하락할 수 있다. 성과를 낼 수 있는 역량이 조직 전체에 고루 퍼져 있고, 구성원 간의 협력이 활발할 때 안정적인 성과를 기대할 수 있다.

조직에서 집단 지성이 발휘되기 위해 자유롭게 의견을 낼 수 있는 분위기, 팀워크가 중시되는 조직 문화는 필수 요소다. 그렇다면 리더는 직원들이 집단 지성을 발휘할 수 있도록 어떤 역할을 해야 할까? 우선, 의사 결정에 필요한 정보를 직원들과 공유한다. 직원도 의사 결정에 도움이 되는 합리적인 아이디어를 낼 수 있도록 충분한 정보를 공유하는 자리를 만들고, 자유롭게 이야기할 수 있는 분위기를 조성한다. 직원이 아이디어를 낼 때, 칭찬하고, 공감하고, 참신하고 새로운 아이디어를 낼 수 있도록 직원들을 독려해야 한다.

또한 모든 직원이 자신만의 강점을 발휘하도록 이끈다. 리더의 업무 성향, 혹은 조직에서 선호하는 업무 방식에 무조건 따르는 것이 아니라, 개인이 가진 강점으로 최대한의 성과를 낼 수 있도록 한다. 직원을 집단 지성에 참여하게 하는 가장 좋은 방법은, 본인이 잘하는 업무(업무 방식)로 팀에 기여하고, 성과에 대해 리더가 직원과 팀을 인정하는 것이다.

마지막으로 조직의 성장을 위해 집단 지성을 활용하려면 유연한 리더십이 필요하다. 아무리 직원들이 활발하게 의견을 내도 리더가 '답정(답은 정해져 있다)'이라면 의미 없다. 결국 리더가 의사 결정을 독단적으로 하고 직원은 손발이 되기만을 바란다면, 직원들은 점점 목소리를 내지 않고 시키는 일만 하게 될 우려가 있다.

조직에서 집단 지성은 '리더와 직원이 함께' 최선의 성과를 내기 위한 방법을 찾고, 목표한 성과를 내는 것에 그 목적이 있다. 집단 지성은 수집된 지식과 정보를 조합하거나, 보완하거나, 발전시켜 최선의 결과를 내는 재료의 역할을 한다. 리더가 직원의 아이디어나 의견을 평가해 비난의 대상으로 바라볼 경우, 집단 지성이 발휘되기 어렵다. 아무리 혁신적이고 조직에 도움이 되는 아이디어라도 리더가 경청하지 않으면 조직 성과에 도움이 될 수 없다.

리더는 성과에 필요한 경험과 노하우, 풍부한 지식과 데이터를 가지고 있다. 진정한 리더십은 독단적인 결정을 할 때가 아니라, 직원들과 함께 집단 지성을 모으고 리더가 가진 합리적인 근거를 활용해 최선의 방법을 찾고 성과를 낼 때, 빛을 발하는 게 아닐까?

심판관 사장

　새로 입사한 영업 2팀 팀장은 대표와 일하는 것이 여전히 낯설다. 대표가 영업 1팀과 영업 2팀에게 같은 업무를 주고, 서로 경쟁시키는 방식으로 업무를 지시하기 때문이다.

　"지난 프로젝트에서는 영업 1팀이 2팀보다 1.5배 더 높은 성과를 달성했지요. 이번에는 영업 2팀 팀장님이 새로 오시기도 했고, 업계에서 워낙 뛰어나다는 평가도 있으신 분이니 영업 2팀이 얼마나 좋은 성과를 낼지 기대가 됩니다."

　동일한 프로젝트를 1팀과 2팀이 협력해 업무 분장을 하면 비용과 시간이 더 적게 들고 직원들의 업무 부담도 줄어드는데, 같은 일을 각개전투 방식으로 하라는 대표의 업무 지시가 2팀 팀장은 이해되지 않았다. 그래서 2팀 팀장은 1팀 팀장을 찾아가 협력해서 프로젝트를 진행하면 어떨지 의견을 구했다. 그러나 1팀 팀장의 반응은 애매했고, 며칠 후 대표가

2팀 팀장을 불렀다.

"제가 1팀, 2팀에게 각각 프로젝트를 하라고 했던 점에 이견이 있으시다고요. 그동안 저희 직원들과 일해보니, 적당한 긴장감을 가지고 일하는 게 항상 더 좋은 성과를 냈습니다. 2팀 팀장님도 적응하시면 이런 업무 방식이 편하실 겁니다."

2팀 팀장은 1팀 팀장과 둘이 회의한 내용을 이미 대표가 알고 있어서 당황스러웠다. 그리고 마치 사내 기밀 프로젝트를 추진하듯 2팀에게는 업무 진행 과정, 노하우 등을 절대 공유하지 않았다. 시간이 갈수록 2팀 팀장 또한 1팀에 노출되지 않도록 업무 진행을 하게 되었고, 외부의 경쟁사보다 사내의 1팀이 더 강력한 경쟁 상대가 되었다.

이런 업무 구조에서 지원부서들도 2팀 업무 협조 요청에 이런저런 핑계로 차일피일 미루는, 소위 팀마다 라인을 형성하고 있었다. 이런 배경에는 회의 때마다 1팀과 2팀을 저울질하며 경쟁을 부추기는 대표가 있었다. 그리고 대표는 스스로 '심판관'이 되어 서로 감시와 견제를 잘하고 있지는 않은지 중간중간 확인한다.

조직 내 경쟁과 갈등을 만드는 리더의 심리

리더의 자리까지 가는 과정에서, 누적된 과거의 경험과 상처, 믿었던 팀원이나 동료의 배신을 수도 없이 겪으면서, 자기방어적 행동이 의심의 리더십으로 발현될 수도 있다. 본인이 이끄는 조직에서 같은 일들이 반복되지 않도록 직원들끼리 서로 감시, 견제하는 조직 시스템을 마련한다. 그러나 이러한 감시와 견제는 리더의 불신을 정당화하는 수단에 지나지 않는다. 무엇보다 직원들에 대한 리더의 의심은 직원들에게 고스란히 전달된다.

조직 문화는 조직 구성원이 함께 만들어가는 것이지만, 리더의 마인드, 행동, 말 한마디는 조직 문화 형성에 지대한 영향을 미친다. 서로 감시하고 견제하며 협력할 줄 모르고 경쟁만 하는 조직이 성장할 수 있다고 믿는 리더는, 상석에 앉아 심판관 역할을 하는 데에만 치중하게 된다. 그리고 조직 내 갈등과 직원들 간의 이간질이 자주 발생해, 리더는 심판관이 되어 야단치며 충고하고 지적하는 일이 빈번해지게 된다. 아이러니하게도 리더가 심판관 역할을 할수록 직원에 대한 리더의 의심과 불신은 깊어진다.

경쟁과 갈등에 뿌리를 둔 업무 방식은 조직의 성장에 부정적인 영향을 준다. 유관 부서끼리 협력해서 일할 경우, 훨씬 효율적으로 처리할 수 있는 업무들이 더 많은 비용과 시간을 들이기도 한다. 팀끼리 경쟁하는 사내 분위기는 단기적인 성과 향상에는 효과가 있을 수 있겠으나, 꾸준한 성과를 내거나 지속해서 성장하는 데에는 조직 전체에 큰 피로감을 준다. 특히 경쟁과 갈등하는 분위기의 회사에서는 위기 상황에서 팀워크가 발휘되기보다 직원 개인, 또는 내가 속한 팀만 괜찮으면 된다는 이기심이 드러나기도 한다.

그렇다면 경쟁을 부추기는 대신 리더에게는 어떤 리더십이 필요할까?

협력적 리더십, 리더의 자기 객관화 필요

가장 중요한 것은 '협력적 리더십'이다. 리더가 팀워크, 화합, 시너지를 중요한 가치로 여기며, 문제와 갈등이 발생할 때 '리더와 직원 모두 힘을 모아 함께 해결해보자'라는 분위기를 지향하는 것이다. 지나치게 교과서적인 이야기지만, 팀워크, 협력 등의 가치는 조직 내에서 갈등을 해결하는 가장 모범적이고 정당하며, 부작용이 없는 해결책이기도 하다. 그리고 이 팀워크는 바로 리더와 직원들 간의 '신뢰'에서 나온다.

또한 리더십과 업무 지시에 대한 리더의 자기 객관화가 필요하다. 직원들끼리 서로 의심하고, 견제하는 조직은 결국 최종 의사 결정권자인 '리더'에 대한 의존도가 높다. 직원들이 다른 팀과 경쟁해서 '더 좋은 성과'를 내고, 다른 직원과 경쟁해서 '더 좋은 평가'를 받기 위한 목적은 결국 리더로부터 더 많은 보상과 인정을 취하기 위함이다.

회사에서 심판관 역할을 하는 리더는 100% 공정하거나 객관적이기 어렵기 때문에, 지금 경쟁과 견제를 조장하는 나의 리더십이 조직 성장에 과연 득이 되는지, 나의 개인적 경험과 상처로 인해 자기방어적인 방법으로 업무 지시를 하지는 않는지, 나의 편향된 시각과 왜곡된 정보들로 팀과 직원들 간의 불필요한 갈등을 만들고 있지는 않은지 등을 최대한 객관적으로 따져봐야 한다.

물론 성공에 대한 경험, 노하우, 오랜 사회생활과 업무 경력을 바탕으로 리더의 역할과 책임을 맡은 사람은 자기 객관화가 더욱 어려울 수 있다. 현실적으로 리더는 팀원들에게 객관적인 평가를 기대하기도 어렵다. 따라서 시야 밖에서 리더인 자신의 모습을 봐줄 수 있는 사람, 나의 리더십을 성찰할 수 있도록 거울이 되어주는 사람, 외로운 리더의 여정에 파트너링을 해줄 수 있는 사람, 즉 '코치'의 도움을 받는 것도 좋다.

10년 동안 구글의 에릭 슈미트(Eric Emerson Schmidt)의 파트너 조언자였고, 애플의 스티브 잡스(Steve Jobs)와 매주 일요일 아침 산책하며 코칭해준 '1조 달러 코치' 빌 캠벨(Billy Campbell)처럼, 많은 성공한 리더의 곁에는 리더십에 관해 아낌없는 조언을 해주고, 거울처럼 리더 스스로를 비춰줄 수 있는 코치가 있었다.

리더의 굳은살은 직원의 배신, 좌절, 지나가는 오물을 뒤집어쓰는 일 등 억울함과 불편함을 외롭게 견뎌서 생긴다. 훌륭한 리더는 그 굳은살이 켜켜이 쌓일 때마다 '그럼에도 불구하고' 강해져서, 내가 이끄는 조직이 건강하게 성장하는 데 기여한다. 경쟁과 갈등, 감시와 견제를 이용하는 심판관으로서의 리더보다, 신뢰를 바탕으로 직원들과 협력하는 파트너로서의 리더가 되어보는 것은 어떨까?

리모트 컨트롤하는 사장

" ! 삭제된 메시지입니다."

찰나의 순간, 대표를 포함한 모든 직원이 있는 그룹 메신저 방에 메시지 하나가 올라왔다가 1초 만에 삭제되었다. 그런데 그 메시지를 대표가 보고 말았다. "(대표님이 사무실로 출근하시니) 근신 중이라 생각합시다. 다음 주에 대표님 출장 가면 그때 놉시다"라는 내용이었다.

모 스타트업 대표는 크게 실망했다. 주말도 없이 국내외로 출장을 다니며 투자 유치, 고객사와 파트너사 미팅, 업무 진행 상황 파악, 직원 면담에 실무까지 쉴 새 없이 일하는 자신과 달리 직원들은 대표 없는 날만 기다리며 놀 궁리만 하는 것처럼 보였기 때문이다.

결국 대표가 직원들을 관리 감독하기 위해 고안한 방법은 바로 '끊임없이 숙제 내주기'였다. 대표가 직원들과 떨어져 있을 때 직원들이 일하도록 만드는 유일한 방법이라고 생각했다. 대표는 직원들에게 숙제처럼 일을 지시했고, 숙제가 끝나기 전 반드시 다른 숙제를 냈다. 해외 출장 중에도 숙제 검사하듯 지시한 사항의 중간 단계를 점검하고 추가로 할 일을 얹었다. 책임감 있게 일하던 직원들마저 대표의 숙제 때문에 업무 의욕이 떨어졌다. 대표의 숙제 점검이 반복되자, 능동적으로 일하는 직원은 찾아보기 어려웠고 모두가 일하는 척 요령을 피웠다. 업무 성과가 어떻든 '대표님의 숙제 검사'만 통과하면 됐기 때문이다.

'숙제 내고 검사하기' 식 업무 지시는 한계가 있어
직원들의 임파워먼트, 리더가 먼저 주는 신뢰가 중요

대표는 리더로서의 불안함, 직원들에 대한 불신을 스스로 해소하려는 방법으로 '리모트 컨트롤'하며 숙제처럼 업무를 주었다. 숙제의 본래 목적은 직원들이 업무에 집중하며 계속 일하도록 만드는 것이었는데, 직원들은 한 가지 숙제를 질질 끄는가 하면 눈 가리고 아웅하는 식으로 일했다. 한편 대표가 주는 업무량과 점검 횟수는 점점 늘었고, 직원들은 업무 자체에 집중하기보다는 대표가 시킨 숙제를 끝내는 일에만 급급했다.

직원들은 보고를 위한 불필요한 일들을 해야 했고, 모든 보고를 위해 대표의 일정에 맞춰야 했으며, 항상 바쁜 대표의 컨펌과 피드백을 받기까지 무작정 대기해야 할 때가 많았다. 원격으로 숙제 내기식 업무 지시를 하는 동안 과연 회사는 대표가 원했던 대로 직원들이 알아서 일을 열심히 하는 회사가 되었을까? 유감스럽게도 업무의 효율성과 생산성은 떨어졌고, 직원들의 업무 역량은 나날이 약화되었다. 회사 전체의 성과도 저조해졌다. 딱 한 가지 발전한 게 있다면, 대표의 레이더망에 걸리지 않을 정도로 발전한 직원들의 숙제 검사 통과 스킬이다.

외근과 출장이 많아서 사무실을 자주 비워야 하는 대표는 어떻게 직원들과 일해야 할까?

직원의 업무 목표와 성과에 대한 기대치를 명확히 하기

리더는 직원 스스로 만든 단기 및 중장기적 업무 목표와 기대하는 성과에 대해 직원과 명확한 합의를 하는 것이 중요하다. 업무의 목표를 세우고 성과를 정의하는 것이 우선시되어야 한다. 그리고 개인과 팀이 목표를 달성할 수 있도록 필요한 자원을 제공하고 환경을 만들어주는 것이 리더의 역할이다. 목표와 성과에 대한 정의와 합의가 이루어지지 않는다면, 리더는 그때그때 숙제 내듯이 일을 주며 체크하느라 비효율적으로 바쁠 수밖에 없으며, 직원들도 능동적으로 일하는 것을 기대하기 어렵다.

피드백과 디벨롭 과정에서 적절한 역할 수행하기

직원의 업무를 일일이 감시하며 리더가 제시하는 기준에 맞추도록 강요하는 것은 효과도 없을뿐더러 직원의 성장을 제한하고 회사의 생산성을 저해한다. 리더의 피드백은 굵직해야 하고 리더의 자원 제공은 구체적이어야 한다. 직원이 주도적으로 업무를 진행할 때 리더는 마이크로 매니지먼트를 경계하며 방향성과 같이 큰 틀 안에서 조언을 주고, 직원이 일을 디벨롭시킬 때 적절한 자원을 필요한 곳에 효율적으로 사용하도록 지원해야 한다. 피드백과 디벨롭 과정에서 중요한 건 리더와 직원 간의 믿음이다.

자발적이고 주도적인 조직 문화 형성하기

　리더는 직원과 팀이 각자의 업무에 책임감을 가지고 최선의 결과를 낼 수 있도록 해야 한다. 즉, 직원들 자신이 가진 역량을 최대로 끌어올리도록 동기부여해야 한다. 직원에게 결정 권한을 알맞게 위임하고, 잘했을 때 적절한 보상을 해야 직원이 업무에 대한 책임감과 성과에 대한 욕심을 낼 수 있다. 리더가 직원을 임파워링(Empowering, 권한 부여)한다면, 리더와 직원의 물리적 거리는 업무와 결과에 크게 영향을 미치지 않는다.

　자신의 업무에 책임감과 의욕을 가지고 일에 몰입하는 직원들이 모인 회사에 좋은 성과와 성장은 필연적이다. 이런 회사에서 구성원과 조직에 더 많은 이익을 가져오고자 발로 뛰는 대표가 있다면, 직원들은 더욱더 동기부여 받고 힘내서 일할 것이다. 대표와 직원 사이의 훌륭한 파트너십은 '신뢰'에서 나온다. 리더와 직원이 서로를 믿는다면 리더의 리모트 컨트롤도 불필요하다. 다만 신뢰는 받는 게 아니라 먼저 주는 것이라는 점, 리더로서 한번 생각해보면 어떨까?

내가 곧 정답인 사장

"이번에 고객사에 제안할 패키지 내용입니다. 새로운 아이템으로 교체했습니다."

사장은 김 팀장의 보고를 들으면서 흡족했다. 사장과 비슷한 생각으로 보고하는 김 팀장이 업무 역량 측면에서 높은 수준에 도달했다고 생각했기 때문이다.

사장은 신규 캠페인을 위한 회의를 소집했다.

"이번에는 신규 회원 유입을 시도해보는 것이 어떨까 합니다. A사가 도입했던 컨셉에 착안해서 새로운 방안의 혁신적 프로그램 도입을 제안합니다."

김 팀장은 자신만만하게 새로운 캠페인을 제안했다.

"저는 다르게 접근했습니다. 이번 캠페인은 기존 회원의 재구매율을 높이기 위해 작년에 성공적이었던 프로그램 중 몇 가지 수정해서 진행하는 것이 좋을 것 같습니다. 왜냐하면…."

얼마 전에 경력직으로 입사한 신 팀장은, 지금 시기에 기존 회원에 집중하는 것이 왜 효과적인지에 대해 브리핑했다.

"뭐, 여러 의견이 많은데, 김 팀장 제안이 맞습니다. 김 팀장의 아이디어에 인력과 에너지를 투입하면 좋은 결과가 있을 것 같네요."

사장은 왜 김 팀장의 제안이 맞는지에 대해 자신의 오랜 경험과 사례를 하나씩 설명하기 시작했다. 직원들은 익숙하게 마치 강의를 들을 준비 자세로 고쳐 앉았다. 사장은 덧붙여서, 새로운 도전이 왜 중요한지, A사가 어떻게 성공했는지를 장황하게 설명했다.

김 팀장의 제안을 구체화하는 것으로 회의가 끝난 후, 신 팀장은 김 팀장에게 물었다.

"지금 시기에 김 팀장이 제안한 캠페인을 진행하는 것은 리스크가 너무 크지 않을까요?"

김 팀장은 대답했다.

"사장님이 결정하지 않았습니까? 어떤 프로그램을 하든 그건 중요하지 않습니다. 사장님이 결정한 프로그램을 하는 것이 중요합니다."

직원들은 사장을 '우주의 센터'로 비꼬아 말하기도 한다. 사장 스스로 자신만큼의 경험과 노하우를 갖고 있는 사람이 없다고 말하기도 하며, 사장이 맞다고 여기거나 선택한 것은 강하게 밀어붙이기 때문이다. 직원들은 사장이 결정하고 사장이 책임지는 것이기에 성과가 나오지 않아도 그것을 그대로 따르면 편하다고 생각하게 되었다.

그제야 신 팀장은 어차피 사장이 원하는 대로 결정될 일이었으며, 사장이 원하는 것이 정해진 답이라는 것을 알았다. 사장에게 인정받는 직원은 사장이 원하는 것을 잘 캐치하는 사람들이라는 것을 깨닫게 되었다.

이 사례에서 사장은 전형적으로 '내가 곧 기준'인 리더다. 이런 유형의 리더는, 자신이 생각하는 범위 밖의 다른 아이디어를 제안하면 거부감을 느끼며 옳지 않다고 판단한다. 신 팀장처럼 다른 의견이나 생각을 제시하는 직원의 이야기는 흘려듣고, 결국 자신이 하고 싶은 이야기를 하는 것처럼 말이다. 역으로 김 팀장처럼 팀원의 제안이나 의견이 리더의 생각과 근접하거나 일치할 때, 그 팀원의 의견을 완성된 수준으로 여기며 나아가 해당 팀원이 일을 잘한다고 평가하기도 한다.

자신이 기준인 리더는 회의, 회식, 티타임 등 모든 자리에서 자기 자신을 중심에 두고 일방적인 메시지를 통해 자신의 이야기만 하는 경향이 있다. 이런 리더와의 대화는 사실상 양방향의 커뮤니케이션이 아닌, 리더가 잘 아는 이야기에서 시작해서 직원들을 훈계하는 것 같은 이야기로 끝나기 일쑤다. 자기 확신을 넘어 자기 과신을 하는 리더가 이끄는 팀의 성과는 다양한 의견을 수용해서 발전하지 못하고 결국 리더의 수준에 머물고 만다.

리더의 성공 경험에 대한 확신, 일부 팀원들이 보내는 무조건적인 믿음과 동의, 오랜 기간 쌓인 익숙함이 리더 안에 '내 생각이 곧 정답이고, 내 수준이 곧 최고'라는 아집을 만든다. 이렇게 자신만의 세계에 갇히는 리더가 되지 않기 위해서는 어떤 노력을 해야 할까?

첫째, 자신을 객관화해서 바라볼 수 있는 능력을 기르는 것이다. 멘토, 코치 등 제3자의 도움을 받는 방법도 좋고, 나의 경험과 기준에 맞춰 결정을 내리기보다 KPI에 기반한 분석 결과, 실무자들이 파악한 강점과 약점 등을 두루 파악해 결정을 내리는 훈련을 하는 것도 도움이 된다. 또 리더인 내 의견과 비슷하기 때문에 '옳음', '좋음'과 같은 가치 판단이나 감정적인 요소를 항상 배제하려는 습관을 길러야 한다.

둘째, 리더 역할에 꼭 필요한 행동 중 하나인 팀원의 생각과 의도를 관심 있게 듣고 살피는 노력을 해야 한다. 경력과 경험, 직위나 역할의 차이로 인해 리더와 팀원의 시야가 다를 수밖에 없지만, 리더가 자신의 주장만 하게 되면 팀원의 생각을 파악할 기회가 없다. 리더인 나의 이야기를 하는 대신, 팀원들의 새로운 의견이나 다양한 시각을 집중해서 들어보는 자리를 주기적으로 마련하는 것도 중요하다. 리더가 생각지 못한 다양한 의견과 아이디어는 조직의 운영과 성과의 원동력이 된다.

셋째, 생각을 유연하게 해야 한다. 결국 리더인 내 생각이 옳을 것이라는 자기 과신, 내가 세운 기준이 모든 업무와 조직 운영의 유일한 잣대가 되어야 한다는 믿음, 리더인 내가 모든 대화와 결정의 중심이 되어야 한다는 생각을 버리고 다양한 팀원 입장에서, 여러 각도에서 생각할 줄 아는 유연성을 길러야 한다. 유연성을 지닌 리더는 더 깊이, 더 멀리 볼 수 있다.

새로움을 받아들이고 팀원을 경청하는 리더가 되기 위해 리더 자신이 갖고 있는 생각과 믿음을 비워내는 노력도 필요하다.

Chapter 02

잘 쓰면 약,
못 쓰면 독

수평적 조직 문화의
명과 암

"브라이언, 팀장이 왜 필요한가요? 팀장 없이도 우리는 잘 해왔습니다."

"브라이언, 이번에는 전체 회의가 없나요? 몇 분만 모여서 회의하신다고 들었습니다."

"브라이언, 굳이 사무실 레이아웃을 바꿔야 하나요? 저는 지금이 좋습니다."

창업한 지 3년 차 스타트업 M사에서 직원들이 사장에게 하는 질문들이다. 브라이언 사장은 요즘 하루에도 몇 번씩 직원들에게 불만 섞인 질문을 받는다. 많은 스타트업이 그렇듯, 설립 초기부터 브라이언 사장은 수평적이고 자유로운 조직 문화를 지향했다. 그래서 직급에 따른 호칭 대신 영어 이름을 사용하고, 업무와 상관없이 자유로운 자리 배치를 사내 정책으로 했다. 그리고 M사에는 팀장이 없고, 중요한 결정은 전 직원이 다 모인 자리에서 내리기에, 모든 직원에게 공유되지 않는 정보도 딱히 없다.

이렇게 '수평적인 문화'를 중시했던 M사에 무슨 일이 있었기에, 왜 직원들의 불만 섞인 질문이 나오게 된 걸까?

M사는 창업 1년 만에 직원 10명, 그리고 3년 차인 지금 30명의 직원이 일하는 회사로 성장했다. 당연한 이야기지만, 30명 이상의 직원이 모두 모여 정보를 공유하고, 논의하며, 의사 결정하는 것은 현실적으로 어려워졌다. 그래서 브라이언 사장은 부서별로 팀장을 지정하거나 외부에서 채용하고자 했다. 수평적인 조직 문화에서 팀장 없이 자발적이고 주도적으로 일해왔던 직원들은 회사의 큰 변화에 당황했다. 그래서 '왜?'라는 질문을 계속하게 되었고, 원하는 답변을 얻지 못하자 사장이 변했다고 생각했다. 일부 직원들은 불만과 실망감으로 일에 집중하지 못한 채, 삼삼오오 불만들을 토로했다. 사장 또한 직원들의 냉랭함에 혼란을 겪으면서 직원들 눈치를 보게 되었으며, 직원들과 반복적인 상담에 많은 시간을 할애해야 했다.

결국 사장과 직원의 최대 관심사가 고객과 시장, 매출과 성장보다는, 내부 조직과 사내 문화 관련 이슈이다 보니, 정작 업무 진행은 더뎌지고, 의사 결정 또한 느려지게 되었다. 빠르게 변화하는 시장에서 스타트업의 장점을 살리기는커녕, 의사 결정은 점점 더 비효율적으로 진행되었고, 급기야 회사의 성장세도 주춤하게 되었다.

경영자와 직원이 자칫 '수평적 조직 문화'를 '전 직원이 동등한 포지션으로 모든 정보를 똑같이 공유'하고, '모든 이슈에 대해 자유롭게 발언하고 의사 결정을 하는 문화'로 이해하고 있다면, 첩첩산중 보고 라인이 있는 회사보다 의사 결정을 위해 더 많은 시간을 할애해야 하니, 더 비효율적이며 더 비생산적일 수밖에 없다.

따라서, 경영자가 수평적 조직 문화를 지향한다면 경영자와 직원이 모두 동의하는 '수평적 조직 문화'란 무엇인지 명확하게 정의 내려야 한다. '수평적 문화'는 '소통에 대한 문화'다. 직급과 나이에 상관없이 서로를 존중하고 배려하는 문화이자, 개인의 의견을 자유롭게 개진할 수 있는 분위기다. 회사와 직원을 성장하게 하는 수평적 조직 문화에는, 자신과 다른 의견이 결정되더라도 직원 모두가 신속하고 효율적으로 일하기로 합의한다는 믿음이 깔려 있다.

M사의 직원 수가 30명이 넘자, 브라이언 사장은 수평적 조직 문화에 대한 이해가 직원과 달랐음을 알아채고, 회사와 직원의 건강한 성장을 위해 조직 변화를 시도했다. 30명의 직원과 설립 때부터 자리 잡은 회사의 조직 문화를 바꾸는 데는 많은 시간과 노력을 필요로 했고, 그 과정에서 회사의 매출이나 성장이 둔화되거나, 직원을 잃는 어려움을 겪기도 했다.

이 세상 모든 사장님은 매출 잘 나오는 회사, 꾸준히 성장하는 회사, 직원 수가 점점 늘어나는 회사, 조직 문화도 최고라고 평가받는 회사를 꿈꾼다. 지금 창업을 준비하거나 창업 초기에 있다면, 어떤 회사를 만들겠다는 청사진에 반드시 '내가 만들고자 하는 조직 문화의 방향성'도 고려하기를 추천한다.

책 읽는 회사는
성장할 수 있을까?

　광화문 교보문고를 지나가면서 누구나 한 번쯤 '사람은 책을 만들고, 책은 사람을 만든다'라는 문구를 본 적이 있을 것이다. 책은 직원과 회사를 성장시키기도 한다. 효과적인 '독서경영'은 직원 개인에게는 학습과 성장의 기회를, 경영자에게는 조직 운영의 가치를 전달하는 툴을 제공한다. 심지어 책 잘 읽는 회사에게는 나라에서 '대한민국 독서경영 우수 직장 인증'이라는 상도 주니, 이쯤 되면 그야말로 일석삼조(一石三鳥)다.

　J사의 독고 사장은 독서경영에 대한 자부심이 대단하다. J사는 매월 필독서를 선정해, 전 직원들에게 무상으로 책을 제공한다. J사 직원들은 월요일을 독(毒)한 데이라고 부른다. J사의 전 직원들은 매주 월요일 아침에 필독서의 정해진 양을 읽고, 요약한 후 소감을 사내 인트라넷에 올려야 한다. 또한, 매월 첫째 월요일 오전은 월례 조회 후, 전 직원이 독서토론을 한다. 전 직원 독서토론은, 직원 중 한 명이 필독서의 내용을 발표

후 그룹으로 나누어서 토론하는 식으로 진행된다. 토론의 마지막 단계로 사내 인트라넷에 토의 결과를 업로드한다. J사에 근무하려면 독서 후 인트라넷 입력은 선택이 아닌 필수인 셈이다.

안 대리는 피할 수 없는 독(毒)한 데이에 독(毒)트라넷(직원들이 부르는 인트라넷의 애칭이다)과 마주하면서 하루를 시작한다. 이번 달 필독서는 '19,800원의 357페이지'이다. 책의 목차를 보면서 인터넷 검색을 마친 후, 독트라넷에 능숙하게 입력해 회사 숙제를 마친다. 두 아이가 있는 워킹맘 노 팀장의 퇴근 후 일상은 육아와 가사노동이다. 조금의 시간적 여유가 생긴다면 잠자는 것이 소원이다. 안 대리 덕분에 노 팀장을 포함한 직원들은 '미투' 내용의 한 줄 소감을 입력한다. 다음 주 독서토론 발표자인 양 과장은 프로젝트로 바쁜 시기인데 어쩔 수 없이 휴가를 냈다. 만만치 않은 분량의 책을 요점 정리해서 발표할 자료를 준비하기 위해서다. 발표에 대한 부담감이 더 커진 이유는 발표자들 사이에 은근 경쟁이 생겨 슬라이드, 동영상 등 발표 자료가 점점 더 진화하고 있기 때문이다.

입사 5개월 차의 웹디자이너 고민나 씨는 웹디자인만큼은 누구보다 더 열정적이며 일에 대한 자부심이 대단하다. 그러나 J사에서 계속 일하는 것에 대한 고민이 깊어졌다. 퇴근 후 시간을 내서 책을 읽으려고 노력하지만, 읽다 보면 어느새 다른 생각을 하고 있고, 반복해서 읽어봐도 책의 내용을 이해하기 어렵다. 고스란이 쌓여 있는 5권의 새 책들을 볼 때마다 J사의 다른 직원들에 비해 자신이 열등한 것 같다는 자책감과 입사하기 전 독서경영에 참여하기로 한 약속을 이행할 수 없는 죄책감마저 든다.

월례 조회와 독서토론이 있는 첫 번째 월요일이 어김없이 찾아왔고, 직원들은 양 과장의 현란한 발표 자료를 본 후, 그룹별로 자리를 이동해서 독서토론을 시작한다. 안 대리의 소감을 시작으로 정다운 이야기들이 오고 간다. 책 제목과 관련된 이야기, 책 두께에 관한 에피소드, 요즘 책값이 많이 오른 이야기에 이어서 노 팀장의 아이들 재롱잔치 이야기 등으로 토론 시간을 보내며, '너도 나처럼 읽지 않았구나'라는 동질감과 깊은 연대감마저 느낀다. 안 대리의 주도하에 토의 내용 입력을 끝으로 독서토론을 마무리하며, 이번 달 새로운 필독 도서를 받는다.

웹디자이너 고민나 씨는 독고 사장에게 누구나 읽을 수 있는 쉽고 재미있는 책을 필독서로 선정해달라고 요청했다. 그러나 독고 사장은, 책을 무상으로 지급하고 근무 시간을 할애해 독서토론을 하는 이유는, 책을 통해 경영자의 생각을 직원들에게 전달하기 위해서라고 했다. 따라서 경영자가 선정한 필독 도서를 읽어야 하고, 이는 회사의 교육 방침이기에 다양한 개인의 취향을 반영할 수 없다는 입장이다.

기존 J사 직원들은 이미 독고 사장의 단호한 독서경영 방침에는 어떠한 타협이나 변화가 있을 수 없다는 것을 익히 알고 있기에, 책을 읽지 않아도 책을 읽은 것 같이 행동하는 요령을 터득해갔다. J사에서는 '책을 안 읽는다'라는 말은 일종의 금기어가 되었다. 결국 이런 분위기에 회의를 느낀 고민나 씨는 요령을 터득하기보다는 이직을 결심했다.

왜 독서경영을 하는 걸까?

독서경영 우수 직장 인증을 받기 위해서는 아닐 것이다. 직원 개개인이 자기 계발을 통해 조직의 역량을 업그레이드하는 것이 독서경영의 목표가 될 수 있다. 학습하는 조직 문화를 만드는 방법의 하나인 독서경영은, 경영을 잘하기 위한 하나의 '방법'이지, 독서경영 그 자체가 경영의 목적이 될 수 없다. 경영자는 회사를 잘 경영하기 위해서 상황에 맞게 독서경영에 변화를 주는 유연함을 발휘해야 한다. 독서경영이 본래 취지와 다르게 실행된다면, 조직 문화 또한 다르게 변질될 수 있다. J사의 '책 읽는 문화'가 아닌 '책 사는 문화'나 '책 읽은 척하는 문화'가 그 예다.

또한 사장의 경직된 독서경영에 맞추기 위해 바쁜 업무 중에도 휴가를 내서 '보여주기식 독서발표'를 준비하는 양 과장의 케이스, 기계적으로 감상평을 올리고 비효율적으로 독서토론에 참석하는 직원들, 고민나 씨와 같은 직원의 이탈 등은 목적 그 자체가 되어버린 독서경영의 폐해를 단적으로 보여준다. 독서경영은 직원과 회사의 역량 강화를 위한 방법이다. 직원들의 눈높이에 맞춰서, 다수가 능동적으로 참여할 수 있는 방법의 독서경영이 회사를 책 읽는 회사, 성장하는 회사로 만들 수 있지 않을까?

밥 문화가
팀워크를 만든다고?

이구희 11:35 AM
사거리 직화 생선구이 드실 분 1층에서 12시 30분에 출발합니다~
→ 6 replies

나일해 11:36 AM
워킹런치 하실 분 블루문 샐러드 12시까지 주문받습니다^^
→ 5 replies

차가은 11:40 AM
빨간집 매운 육개장 드실 분 선착순 3명이요~ 12시 25분에 엘리베이터 앞에서 만나요.
→ 2 replies

생선구이를 시작으로 샐러드, 육개장, 짜장면, 파스타 등 오늘의 점심 메뉴들이 슬랙(사내 협업 툴)에 '뽕뽕' 올라오면 리플들이 분주하게 달린다. F사 입사 3개월 차의 신나라 씨는 오늘 점심 메뉴로 육개장을 정하고, 함께 먹겠다는 의사 표시로 재빨리 리플을 달았다. 날씨 탓일까? 매콤한 육개장을 떠올리자 벌써 입안에 침이 고인다. 육개장을 제안한 차가은 대리와는 입사 후 눈인사를 몇 번 했지만, 서늘한 미소의 화답에 쉽게 다가가기 어려웠고, 아직까지 한 번도 함께 식사하지 못했다.

"사거리 직화구이요? 그 집은 삼치구이가 맛있죠", "오~ 삼치구이도 맛있어요?" 어느새 온 엘리베이터는 생선구이팀을 가득 싣고 먼저 내려갔다. 차가은 대리가 누군가를 보면서 걸어온다. 뒤를 돌아보니, 오늘 육개장팀의 다른 멤버인 육칠필 씨가 서 있다. "오늘 육개장팀은 3명 딱 좋아요, 오늘 같은 날은 육개장이지" 하며 함박웃음을 짓는다.

F사는 창업 초기부터 직원들에게 점심 식대를 제공했다. 직원들은 점심 식대에 대한 부담 없이, 자발적으로 점심 메뉴와 식당을 제안했고, 메뉴별 점심팀을 만들어 함께 식사했다. 회사가 성장하면서 직원 수가 늘어나도, '회사가 직원들의 점심 식대를 제공한다'라는 F사의 방침에는 변함이 없다. 다만, 설립 초기에는 직원들에게 법인카드를 지급했으나, 회사 규모가 커진 현재는 직원 개개인이 사용할 수 있는 식권을 지급한다. 직원들은 식권으로 회사 근처 식권 가맹점 식당에서 자유롭게 사용하며, 회사는 월별 식대를 식권 가맹점에 지불하는 방식이다. F사가 직원들의 점심 식대를 지불하는 방식은 회사의 규모에 따라 바뀌었지만, 누군

가 자발적으로 메뉴를 제안하고, 메뉴별 점심팀을 만들어 함께 식사하는 방식은 여전히 진행 중이며, 이러한 점심 식사 방식은 F사의 조직 문화로 자리 잡았다.

육개장을 먹으러 간 신나라 씨는, 차가은 대리가 두 마리의 웰시코기를 키운다는 것을 알았다. 비숑을 키우는 신나라 씨는, 반려견을 키우는 공통점 때문에 차가은 대리와 많이 가까워졌다. 얼마 전 여자친구와 헤어졌다는 육칠필 씨는 요즘 재밌는 일이 별로 없다. 하지만 매일 밤 잠들기 전에, 다음 날 먹고 싶은 점심 메뉴를 생각하면, 회사에 출근하는 것이 기다려진다는 너스레에 모두가 한바탕 신나게 웃었다. 신나라 씨는 육칠필 씨에게 업무 자료를 만드는 데 도움을 받기로 했다.

셋은 업무적으로도 서로 협업하면 좋겠다는 생각에 다음 주에 팀 동료들과 함께 워킹런치를 하기로 약속했다. 점심도 회식도 업무의 연장선에서 딱딱하게 진행되는 회사에서는 '자, 오늘 점심은 햄버거 어때?'를 먼저 외치는 팀장님에게 '저는 해장이 필요하니 짬뽕밥이 먹고 싶습니다'라거나, 술을 강권하는 부장님에게 '저희 집에서 키우는 강아지 이야기 좀 들어보실래요?'라고 말하기는 좀처럼 어렵다. 자유롭고 직원 개인의 취향이 존중되며 업무 면에서도 팀 간 협업을 편하게 이야기해볼 수 있는 F사의 '메뉴별 점심팀 문화'에 신나라 씨는 F사에 취업하기 잘했다는 생각이 들었다.

이렇게 F사에는 매일 점심마다 새로운 팀이 만들어진다. 누군가 자발적으로 메뉴와 식당을 제안하면, 같은 메뉴를 원하는 사람들끼리 모여 한 팀으로 점심을 먹는다. 식사 한 끼로 잘 모르던 다른 팀 직원들과 알게 되면 어려웠던 업무 이야기도 쉬워지고, 실제 부서 간 협업으로 이어져 시너지가 나기도 한다. 개인의 취향과 선택이 반영된 점심 메뉴가 직원들에게 긴 하루의 리프레쉬가 됨은 물론이다.

또한 F사는 공식적인 저녁 회식이 없기에, 회식비를 지원하지 않는다. 대신 분기마다 문화, 예술, 스포츠 등의 자유로운 부서별 팀워크 활동을 지원하는데, 이 역시 점심 메뉴처럼 직원들이 자유롭게 의견을 낸 후 자발적으로 팀을 만들어 시행한다. F사 직원들은 점심과 문화생활을 지원하고 존중하는 회사에 높은 로열티를 보이며, 팀워크 활동을 통해 업무 시너지를 낼 수 있는 기회를 찾는다.

누구나 한 번쯤 신입사원이었던 시절이나, 직장 선배나 상사였던 시절이 있었다면 회사에서 먹는 점심이 마냥 편치만은 않았던 기억이 있을 것이다. 신입사원일 때 매일 점심은 누구랑 먹어야 할지 고민되고, 친한 동료들과만 먹으면 상사의 눈치가 보일 때도 있다. 직장 선배가 되었을 때는, 밥 사는 것을 당연하게 여기는 후배들이 부담스럽거나, 매번 밥을 먹을 때마다 더치페이를 해야 하는지, 내가 내야 하는지 등의 고민을 한 적도 있었을 것이다. 모든 회사에 매일 점심때마다 찾아오는, 어렴풋이 짐작할 수 있는 직원들의 '점심밥'에 대한 고민이다.

회식은 팀워크를 다져 결국 회사의 매출 증가, 조직의 성장을 도모하기 위한 자리다. 그런데 요즘은 많은 회사가 잦은 회식, 늦게까지 하는 회식을 지양하는 분위기다. 점점 '저녁이 있는 삶', '일과의 균형을 중시하는 삶'을 지향하는 사회 분위기로 바뀌고 있기 때문이다. 이러한 사회 분위기에서 회사를 운영하는 사장님이라면, 조직의 성장을 위해 직원들 간 팀워크는 분명 필요한데, 어떻게 효율적으로 팀워크를 만들어낼 수 있을지 고민할 것이다.

F사의 '밥 문화'는 직원들의 '점심 밥'에 대한 고민을 해결해줄 뿐만 아니라, 직원들의 워라밸을 존중하면서도 매일 회사에서 꼭 먹어야 하는 점심 식사를 통해 팀워크를 쌓을 수 있도록 해준다. F사의 사례를 참고해, 저녁 회식 대신 점심 식대를 지원하거나, 팀별·부서별 팀워크가 필요할 경우 문화생활을 지원해보는 것은 어떨까?

감히 사장에게
직접 보고했어?

입사 5개월 차인 차 대리는 화장실에서 사장님을 만났다.

"사장님, 안녕하세요?"

"아, 네. 회사 적응 잘하고 있나요? 일하는 데 어려움은 없고요?"

"네, 열심히 하고 있습니다. 이번에 서비스 개편 프로젝트 진행하고 있습니다. 기존과는 많이 다른 새로운 포맷으로 진행하기에, 일부는 외주 용역도 고려하고 있습니다."

"네, 외주까지 고려할 정도면 개편 범위가 크네요. 알았습니다. 수고하세요."

차 대리가 B사로 이직한 지 5개월 만에 처음으로 사장과 나눈 대화였다. B사에서는 직원이 사장과 단독으로 미팅을 하는 경우는 극히 드물다. 업무에 관련된 모든 보고는 부서장인 A부장을 통해 사장에게 전달되고, 사장의 의사 결정 또한 A부장을 통해서 듣는다. 매월 혹은 분기별 실적 보고가 있지만, 이 역시도 A부장이 보고를 하고 답변도 하기에, 회의에 참석한 직원들은 발언할 기회가 거의 없다.

차 대리는 입사해서 사장을 볼 일이 없었다. 가끔 다른 직원들은 이렇게 말한다. '사장님은 너무 높이 계셔서 뵙기 어려워요' 차 대리에게 사장님은 높은 곳이 아닌 다른 먼 곳에 거주하면서 가끔 방문하는 이방인 같았다. 그렇기에, 화장실에서 만난 사장님과의 짧은 시간이 차 대리에게는 매우 특별했으며, 사장님의 관심에 힘입어 서비스 개편을 더 열심히 준비하겠다는 열의마저 살짝 생겼다.

이튿날, A부장은 몹시 화난 표정으로 고과장과 함께 차 대리를 불렀다.
"차 대리가 사장님과 프로젝트 상황에 관해 직접 이야기를 나눌 직급이라고 생각하나? 입사한 지 얼마 안 됐지만, 사회생활은 해봤다며. 도대체 그런 예의 없는 보고 방식은 어디서 배웠나? 아니, 고 과장은 직원이 이런 식으로 일하는데 그것도 안 고쳐주고, 대체 부하직원 관리를 어떻게 한 거야?"
A부장은 평소 직원들의 업무 실수나 성과 저조에도 이렇게까지 큰소리를 내면서 화를 내지는 않았기에, 차 대리는 그야말로 멘붕 상태였다. 이 일을 통해 A부장이 가장 싫어하는 직원은 바로 '사장과 직접 소통하는 사람'이라는 것을 알게 되었다. 자신의 사수인 고 과장과 함께 불려가 말도 안 되는 이유로 심한 질타를 받은 것도 옳지 않다고 생각했지만, 이 일 이후 차 대리에게 A부장은 업무 내용과 성과보다는 형식과 자기만의

보고 방식을 고집하는 불통의 꼰대로 선을 긋게 되었다. A부장을 통해 본 사장은 역시나 이 회사가 아닌 다른 세계에 살며, 신비주의를 자처하는 사람처럼 느껴졌다.

한편, 차 대리 사건 후유증으로, A부장은 사장님 보고 회의를 위한 '리허설'을 만들었다. 사장님에게 보고하는 내용뿐만 아니라, 사장의 예상 질문에 대한 답변을 정하고 A부장이 최종 확인하기 위함이다. 이 리허설은 A부장의 의견으로 통일된 답안을 만드는 과정이다. 급속한 시장 변화에 대응하기 위해서 좀 더 빠른 의사 결정과 혁신을 요구하는 고 과장의 제안은 이번에도 후순위였다.

리허설을 통해 사장과의 소통 통로는 A부장으로 더욱 확실해지고, 고 과장은 권위주의와 관료주의의 아이콘인 A부장을 먼저 이해시키지 않으면 아무 일도 할 수 없었다. 결국, 회사는 A부장의 개인적 경험과 견해 내에서 승인될 수 있는 일만 할 수 있었다. 고 과장은 A부장에게 모든 것을 일임하는 사장이 게으르고 무능하다고 생각했다.

편하고 효율적인데, 뭐가 문제지?

B사는 성장과 정체를 반복해오면서, 조금씩 수익을 내는 회사다. 창업 초기부터 일했던 A부장은 전반적인 회사 업무에 대해 가장 잘 이해하고 있으며, 그동안 문제없이 성실하게 일해왔다.

A부장은 사장과 가장 오래 일했기에, 누구보다 사장의 성향과 관심사

를 가장 잘 파악하고 있으며, 사장 입장에서 A부장은 소통하기에 익숙하고 편한 사람이다. 또한, 사장은 A부장을 통해 요약된 정보를 듣고, 필요한 의사 결정을 할 수 있기에, 시간 관리 차원에서도 효율적이라고 생각한다. 무엇보다도, 사장이 A부장을 통해 소통하는 가장 큰 이유는, A부장이 회사의 복잡한 여러 상황을 잘 정리하면서 '다 알아서 하는 것'이 편하기 때문이다.

A부장이 어떤 이유에서 부재의 상황이 발생한다면, 사장에게 더 큰 불편함이 생길 수 있다는 것을 알기에, 사장은 A부장의 소통 방식이나 업무 운영에 문제점이 있다 하더라도, 심각하게 자신을 불편하게 하지 않는 한, 크게 부각하지 않거나, 애써 외면하기도 한다.

'Open door policy', 직원의 다양한 의견을 사장이 들을 준비가 되어 있음을 알리는 것

B사 사장의 회사 운영 방식에서는 '사장의 편함'이 중요하다. 그런데 이런 사장의 편한 운영 방식은 불통과 통제를 만들고, 직원을 무기력하고 냉소적으로 만든다. 의욕과 열정이 충만한 직원들은 사장의 소통 방식에 변화가 없다면, A부장의 역량이 곧 회사의 역량이기에 회사의 미래가 희망적이지 않다는 것을 알게 된다.

회사 규모와 관계없이 사장은 다양한 직원들의 의견을 들어야 하는 자리다. 회사 규모가 크다면 다양한 리더들의 의견을 듣는 자리가 필요하고, 규모가 작다면 여러 직원의 의견을 들어야 한다. 직원들의 다양한 생각과 의견을 효율적으로 듣고 피드백을 주고받는 과정이 바로 회사의 '업무 프로세스'다. 사장이 중요한 결정을 내리는 데에 필요한 '효율성'은, 한 명의 임직원에게만 보고를 받는 데에서 나오는 게 아니라, 다양한 의견을 들을 수 있는 채널의 효율성, 소통 방식의 효율성에서 나온다.

'Open door policy'는 시도 때도 없이 모든 직원이 원할 때 사장실의 문을 두드리는 것을 의미하지 않는다. 'Open door policy'의 진정한 의의는 직원들의 다양한 의견을 사장이 들을 준비가 되어 있음을 알리는 데 있다. 사장이 본인 편의를 위해 특정 임직원과만 소통하거나 사내 커뮤니케이션 채널을 다각화하지 않는 것은 사장이 직무유기를 하는 셈이다.

회사를 성장시키는 리더는 다양한 직원들의 의견을 귀담아들을 줄 안다. 직급이 낮은 직원의 의견은 덜 중요하다고 무시하거나, 본인이 편한 직원들하고만 업무 소통을 한다거나, 경직되고 수직적인 보고 체계 그 자체만 중요하게 생각하는 리더는 결국 회사를 도태시킨다. 나는 어떤 리더인지, 우리 회사에는 다양한 직원과 소통하며 피드백을 주고받을 수 있는 프로세스 혹은 소통 채널이 있는지 한번 점검해볼 필요가 있지 않을까?

오늘 회의만
몇 번째야?

회의 많은 A사, 회의는 부장님들과 이사님의 잡담 시간? 사장님의 연설 시간?

"이번 우리 회사 광고 모델은 정우성 씨나 강하늘 씨가 유력 후보예요…. 고 대리, 〈동백꽃 필 무렵〉 봤나? 강하늘 씨 연기 너무 잘해…."

"광고 모델료가 얼마나 되나요? 연예인은 좋겠네요. 우리 개발팀에 그 정도 예산이 지원되면 몇 명을 더 채용할 수 있는데…. 고 대리, 혹시 주변에 괜찮은 개발자 없어?"

"네, 한번 알아보겠습니다. 조 부장님."

영업부 고 대리는 고객 충성도를 높이기 위한 신규 프로젝트를 진행 중이다. 유관 부서와 협업해서 진행해야 하는 프로젝트인 만큼 거의 매일 회의로 오전 시간을 보낸다. 고 대리는 오늘도 마케팅, 개발, 재무부서의 부서장들과 함께하는 회의로 하루를 시작한다.

고 대리는 회의 시간을 1시간으로 정했지만, 각 부서장의 이런저런 이야기로 이미 30분이 훌쩍 지난 후에 프로젝트 계획을 발표할 수 있었다.

"고 대리, 이번 프로젝트로 매출이 더 증가할 수 있을 것 같아? 작년에 시작한 프로젝트에도 계속 투자 비용이 필요하거든. 도대체 왜 그 프로젝트를 시작했는지 몰라. 내 지인 이야기로는 그 분야가 전망이 없다는데? 그래서 나는 처음부터 반대했었잖아. 고 대리도 기억하지?"

"네…. 정 이사님…."

경영지원본부 정 이사의 발언을 시작으로 다른 부장들도 '이래서 안 된다', '저래서 안 된다' 등의 반응을 보였다. 고 대리는 오늘도 별 피드백이나 결과 없이 오전 내내 회의로 시간을 보냈다. A사의 소통 과정이 늘 그렇듯이, 사장 보고 전에 부서장들에게 보고해야 하는 과정을 거친다. 이런 회의로 업무가 밀리다 보니 실무를 하는 직원들은 잦은 야근을 한다. 고 대리는 오늘도 야근하면서 내일 있을 사장님 회의 브리핑 자료를 준비했다.

다음 날, 사장이 참석한 회의에서 고 대리는 프로젝트 계획을 설명했다. 사장은 각 부서장과 프로젝트 관련 간단한 질의응답을 마친 후, 열정에 관한 장황한 이야기를 시작했다.

"일할 때는 직원들의 열정과 노력이 필요합니다. 꼭 성공해야 한다는 단단한 각오와 의지가 필요합니다. 예전에 내가 사업을 처음 시작했을 때는 지금보다 훨씬 더 안 좋은 환경이었지만…. 그래서 열정이 있는 사람에게 기회가 오는 것이고…."

오늘도 오전 내내 회의하고 나온 고 대리는 밀린 업무를 처리하면서 생각했다.

'그래서 이 프로젝트를 하라는 거야, 말라는 거야. 도대체 왜 회의가 필요한 거지?'

회의 많은 다른 B사, 모든 회의는 효율성과 수평적인 커뮤니케이션을 지향한다. 애자일 조직 문화를 실천하는 B사는 신속한 의사 결정과 업무 실행을 중요하게 여긴다. 협업해야 하는 의사 결정과 실행을 위해 B사도 A사 못지않게 많은 회의가 진행되고 있다.

B사의 모든 회의실 문에는 다음과 같은 문구가 붙어 있다. 'Do not open this door without a meeting objective and an agenda.' 신 대리는 '회의 목표와 의제 없이 회의실 문조차 열지 말라'는 이 경고성 메시지를 한 번 보고 회의실 문을 열었다.

"신 대리, 고객 충성도를 높이기 위해 재구매 고객 대상 할인 프로그램을 마케팅과 협업하면 좋겠네요."

"마 부장님, 좋은 의견 감사합니다. 그런데 할인 프로그램을 위해서는 먼저 고객 데이터가 필요합니다. 사전에 메일로 회의 목표와 의제를 공유했듯이, 고객 데이터 관련 의견을 주시면 감사하겠습니다."

"개발팀에 고객 행동 분석 자료가 있습니다. 고객 데이터 수집에 필요하다면 오후에 공유 폴더에 올려놓을게요."

"조 부장님, 감사합니다. 내일까지 검토해서 피드백 드리겠습니다. 오늘 회의에서 나온 의견들을 정리해보면…. 계획된 회의 시간이 다 되어서 오늘 회의는 여기서 마치고, 경영지원 관련 부분은 정 이사님과 별도로

10분 정도 스탠딩 미팅을 했으면 합니다."

"좋아요. 신 대리, 회의 끝나고 바로 봅시다."

회의 참석자들은 회의를 마친 후, 회의실 안쪽 문에 있는 문구를 보면서 회의실을 나갔다.

- 직급과 나이에 상관없이 상호 존중했나요?
- 계획된 시간 내에 끝났나요?
- 실행안을 정했나요?

B사에는 회의 규칙이 있다. 첫째, 회의 시작 최소 4시간 전에 참석자들에게 회의 목표와 의제를 미리 공유해서 사전에 회의 안건에 대한 의견을 준비할 수 있는 시간을 갖도록 한다. 둘째, 될 수 있으면 3분 이내로 목표와 의제에 맞는 발언을 한다. 셋째, 계획된 회의 시간을 초과해서 회의가 필요할 경우 회의실 밖에 있는 스탠딩 테이블을 이용한다. 넷째, 회의를 통해 얻은 결과를 공유한다. 다섯째, 직급과 나이에 상관없이 서로 존중하면서 자유롭게 의사 표현을 한다.

회의의 빈도수는 비슷하게 많은 A사와 B사, 어떤 점에서 차이가 있는 걸까?

A사 고 대리의 회의 목표는 부서장들에게 '프로젝트 진행 여부에 관한 피드백'을 듣겠다는 것이었다. 그러나 피드백을 제대로 듣지 못한 채 장시간의 회의가 반복되었다. 회의 참석자들은 회의 목표를 잊고 불필요한

주변 이야기로 업무시간을 보낸 셈이다. 관계에 의한 커뮤니케이션, 즉 수직적인 의사소통 방식에 따라 고 대리는 회의 목표에서 벗어나는, 직급 높은 부서장들의 발언을 통제할 수 없었다.

A사 사장 역시 회의의 본질에 집중하기보다는 회의 목표에서 벗어난 이야기로 회의를 진행했다. A사의 임원진이나 부서장들도 사장의 소통 방식대로, 회의 시간을 이용해 본인이 하고 싶은 이야기를 전달하거나, 회의 목표와 맞지 않는 이야기를 하는 것이 '사장님도 하니까 괜찮다'라고 여기게 된다. 결국, 사장의 소통 방식이 회사의 업무 처리 방식으로 귀결된다.

요즘 많은 회사가 B사처럼 신속하고 효율적인 업무를 위해 '애자일 조직'을 추구한다. '애자일 조직'이란, 부서 간 경계를 허물고 팀원에게도 의사 결정권을 부여하며 신속하고 민첩한 방식으로 일하는 조직을 말한다. B사 신 대리는 자신보다 직급이 높은 부서장들과 목표 지향적 회의를 주도했다. 또한 부서장들도 수평적인 커뮤니케이션 분위기에서 회의 주최자인 신 대리를 존중하면서 회의에 임했다.

B사 회의실 문 앞뒤에 있는 문구가 B사의 회의 문화를 잘 보여주듯이, 직원들은 회의 규칙을 잘 숙지하고 실천하고 있다. 효율성, 뚜렷한 목표와 신속한 의사 결정을 지향하는 회사 문화에는 직급과 나이에 상관없는 자유로운 의사소통, 상호 존중하는 수평적 커뮤니케이션이 자리 잡고 있다.

'회의는 나쁜 조직의 증상이다'. 경영학계의 대부, 피터 드러커(Peter

Ferdinand Drucker)의 명언이다. A사 사례처럼 직급과 관계에 의한 수직적 커뮤니케이션 방식으로, 목표와 의사 결정 없이 반복되는 회의는 나쁜 조직의 증상임이 틀림없다.

흔히 '회의 많은' 회사는 발전이 없다고 하지만, 적절한 방식의 커뮤니케이션이 활발한 회사는 발전한다. 중요한 것은 회의를 '얼마나 자주 하는가'보다 '어떻게 하는가'다. 우리 회사는 어떻게 회의하고 어떤 방식의 커뮤니케이션을 하고 있는지 한번 돌아보면 어떨까?

잘 쓰면 약,
못 쓰면 독이 되는 회식

"우리가~" 부장님이 술잔을 들고 외치면, 약속이라도 한 듯 일제히 "남인가?" 하고 모두가 술잔을 부딪치는 회식의 한 장면이 떠오른다. 회사에서 남남처럼 일하지 말고 끈끈한 동료애를 발휘하자는 뜻이다. 2차, 3차로 이어지는 회식에서 상사의 눈치를 보며 자리를 지켜야 했던 회식의 추억이다. 요즘은 회식용 건배사로 '마돈나'가 있다고 한다. '마시고 돈 내고 나가'라는 의미로 법인카드 주고 빠져주는 상사를 반긴다. 예전이나 지금이나 상사와 함께 회식하는 자리는 불편함과 부담스러움이 존재한다.

Z사의 사내 메신저에서는 회식을 앞두고 직원들의 볼멘소리가 여기저기 나왔다.

"목소리 큰 몇 분 이야기만 계속 들을 생각을 하니…. 이번 달 실적도 저조한데, 회식까지 빠지면 한 소리 듣겠죠?"

"또 팀장님 단골 식당이에요? 다른 회사는 직원들이 추천하는 맛집 간다고 하던데…."

"이번에도 내 남자 친구 이야기하면 집에 급한 일 생겼다 하고 먼저 나갈 것임~ 회식 자리가 사생활 오픈하는 자리가 아니잖아요?"

회식은 11시가 다 되어서 끝났다. 회사 근처에 있는 팀장이 제일 좋아하는 식당에서 1차로 식사하고, 2차로 팀장이 좋아하는 노래방에 갔다. 술을 잘 못하는 직원들도 팀장이 실적 이야기를 꺼낸 탓에 팀장 눈치를 보며 술까지 마셔야 했고, 노래 부르기 싫어하는 직원도 장기 자랑처럼 노래를 불렀다. 팀장 비위를 맞추며 기분 좋게 시간을 보내는 목소리 큰 직원도 있었지만, 다수의 직원은 재미없게 앉아서 회식이 끝나기를 기다렸다. 직원들은 팀장을 택시 태워 보내고 막차를 기다리며 '제발 회식이 없어졌으면 좋겠다'라는 이야기를 했다.

Z사 직원들은 왜 회식을 불편하게 여길까? 그것은 상사의 방식대로 회식이 진행되기 때문이다. 직원들의 성향이나 기호가 전혀 반영되지 않은 회식 자리를 이용해 상사는 업무 이야기를 하며 잔소리하고, 일부 직원들만 이야기하는 동안 다른 직원들은 재미없게 앉아 회식이 끝나기를 기다리고, 회사 생활에 불필요한 이야기들과 직원들의 사생활 이야기까지 오가는 회식이 직원들에게는 유쾌할 리 없다.

그렇다면, 회식은 정말 필요할까? 다수의 직원이 불편함을 느끼는 회식의 방식이 개선되어야 한다는 점을 전제하면, 회식 자체는 필요하다. 회사 일은 일정 시간 작동해서 일정량의 물건을 찍어내는 것처럼 돌아가지 않는다. 구성원들끼리 합을 맞추고 결국 사람이 해내야 하는 일이기 때문이다. 그런 의미에서 회식은 리더가 직원들을 격려할 수 있는 효과적인 수단 중 하나다.

회식은 몰입과 긴장, 업무 환경에서 벗어나 직원들끼리 또는 리더와 직원이 소통할 수 있는 기회이기도 하다. 조직의 구성원끼리 팀워크를 다지는 시간이 될 수도 있고, 리더가 직원들의 생각이나 고충을 듣고, 성과를 내도록 격려하는 시간이 될 수도 있다. 잘 쓰면 약이 될 수 있는 회식, 리더와 직원 모두가 반기는 회식을 만들려면 어떻게 해야 할까?

첫째, 리더가 아닌 구성원이 좋아하는 스타일의 회식을 하는 것이다.
리더가 취향대로 주도하는 것이 아닌, 구성원들이 거부감 없이 편안하게 참여할 수 있는 회식이다. 이를 위해 리더는, 조직 구성원들의 성향, 근무 환경, 최근 사내 분위기, 조직 문화에 필요한 요소 등을 고려해야 한다. 앞의 Z사의 사례처럼 술, 노래, 사생활 관련해 부담을 주거나 강권하는 분위기에서는 직원들이 편안한 마음으로 참여하기 어렵다.
회식 일정의 사전 공지, 직원들이 선호하는 장소 선택, 다음 날 일상에 지장을 주지 않는 회식 시간 정하기 등 조직 구성원을 배려하는 적합한 회식 문화를 만들어가야 한다. 또한 리더는 회식 자리에서 말하는 것 대신 평소 직원들이 가진 생각, 어려움을 듣고 소통하려는 노력을 해야 한다.

둘째, 회식을 직원 동기 부여의 자리로 현명하게 활용하는 것이다.
회식은 리더에게 좋은 기회다. 평소 회사에서는 하기 어려웠던 '고생했다'는 말이나 격려의 한 마디를 건네며 직원들과 편안하고 진솔하게 대화할 수 있는 자리이기 때문이다. 업무는 결국 사람들끼리 하는 일이고 직원들을 동기 부여하는 일은 곧 회사의 성과와 연결된다는 점을 고려할 때, 리더가 회식 자리를 현명하게 활용해서 직원들의 업무 의욕을 고취하는 일은 매우 중요하다.

셋째, 회식할 때마다 리더 스스로 목적과 방향성을 분명히 하는 것이다. 회식에는 리더와 직원의 시간, 회사의 비용이 들어간다. 그런 의미에서 회식은 업무의 연장이라 볼 수 있다. 회사에서 진행되는 모든 일에는 목적과 방향성이 필요하듯 회식도 목적과 방향성이 필요하다. 가령 전사가 열심히 수행한 중요한 프로젝트가 끝났을 때는 고생한 직원들을 격려하는 취지의 회식, 사내 분위기가 침체해 직원들의 사기를 끌어 올려야 할 때는 팀워크를 다지는 다양한 활동, 혹은 외부 전문가와 함께하는 프로그램을 겸한 회식을 구성하는 것도 좋다.

회식의 골자는 '일을 하는 구성원들이 함께 보내는 시간'이다. 따라서 구성원의 성향과 회식을 통해 끌어내고자 하는 것을 반영해서 조직에 적합한 회식 문화를 구축해야 한다. 리더에게 직원들은 업무 성과를 내는 소중한 파트너다. 일하는 직원들에 대한 동기 부여, 직원들끼리의 팀워크는 좋은 성과의 밑거름이다. 리더로서 다음 회식은 직원들이 좋아하는 스타일로, 직원들이 동기 부여를 받을 수 있는 회식 자리를 마련해보면 어떨까?

'사내 익명 게시판', 왜 독이 되었을까?

C사는 폭발적으로 성장했다. 지난 3년간 직원 수는 2배가 되었고, 이제 80여 명이 일하는 기업으로 발전했다. 직원 수가 30명일 때까지만 해도 C사 대표는 직원과 직접 소통하는 일에 진심이었지만, 회사 규모가 커지면서 직원과 소통하는 일이 무척 어려워졌다. 한편, 소통 지향적 리더인 C대표는 조직 성장을 위해 점점 외부 영입 인재들의 다양한 의견을 들을 필요가 있다는 생각이 들었다. 그래서 대표는 사내 '익명 게시판'을 만들어 누구나 자유롭게 의견을 개진할 수 있도록 했고, 매월 전 직원과의 타운홀 미팅을 통해 게시판 글에 대표가 직접 답변하는 시간을 갖겠다고 공표했다.

첫 6개월 동안은 사내 게시판에 직원들의 다양한 의견과 아이디어가 올라왔고, 타운홀 미팅도 건설적으로 진행되었다. 그러나 게시판에 다른 직원에 대한 비난, 팀과 조직에 부정적인 영향을 끼치는 글이 몇 건 올라오면서 게시판과 타운홀 미팅의 분위기가 험악해졌다. 게다가 갓 입사한 신입 직원들의 질문은 2~3달 전에 입사한 직원들의 질문과 비슷해서, 답변하는 대표와 기존 직원들은 반복적인 내용에 피로감을 느끼기도 했다.

얼마 후, 대표와 회사에 대한 비난, 질문을 가장한 반복적인 항의 글, 특정 인물을 연상시키는 인신 공격성 투서 글 등이 게시판에 올라오기 시작했다. 이러한 부정적 글에 대해서는 대표가 답변하지 않자, '대표님이 게시판 글을 다 읽는다고 알고 있는데 왜 이런 내용은 무시하고 답변하지 않냐', '왜 회사 차원에서 인사 조치를 하지 않냐'는 등의 글을 누군가가 계속 올린 것이다. 대표는 큰 스트레스를 받고 결국 게시판과 타운홀 미팅을 바로 폐지해버렸다. 직원들과 소통을 가장 중요하게 생각하는 리더가, 사전 소통 없이 소통 창구를 없애버린 것이다. 물론 사내 게시판으로 표출되었던 일부 직원들의 불만과 비난, 부정적인 말들은 게시판과 함께 사라지지 않고 뒷담화, 친한 동료와의 메신저로 옮겨갔다. 한편 게시판을 통해 직급·경력과 무관하게 종종 올라왔던 다양하고 좋은 아이디어들은 표출될 기회가 사라지고 말았다.

직원과 소통할 기회를 늘리고 싶다는 좋은 의도로 만들어진 '사내 게시판과 타운홀 미팅을 통한 대표와의 대화 시간'은 오히려 C사 조직 문화에 부정적인 영향을 끼쳤다. 왜 그랬을까?

건강한 조직 문화를 위한 제도에는
명확한 목표와 구체적인 실행 방안이 필수

먼저 이 제도의 효율성이나 효과를 따져보자. 직원이 새로 들어올 때마다 반복되는 질문, 감정과 비난이 담긴 게시판 글이 회사 분위기와 팀워크에 미치는 부정적인 영향을 고려하면 사내 게시판 제도는 아무리 좋은 의도로 만들어졌다 하더라도 조직 문화에 도움이 되는 효과적인 제도라 하기 어렵다.

여과 없이 게시판에 올라온 악의적 비방 글은 대표의 감정 조절을 어렵게 만들기도 했다. 직원과 소통의 기회, 직급과 경력에 제한을 두지 않은 다양한 아이디어 수용을 위한 제도가 회사 성장에 긍정적인 영향을 미칠 거라 생각했지만, 오히려 대표 입장에서는 일부 게시글로 인해 이 제도가 회사가 성장하고 팀워크를 발휘하는 데에 발목을 잡는다고 느꼈을 것이다. 급기야 대표가 전 직원들과 약속한 제도를 직원과 소통 없이 바로 폐지하는 결과까지 낳고 말았다.

소통하는 회사가 되기 위해 마련한 '사내 게시판' 제도, 어떻게 운영했어야 조직에 독이 아닌 약이 됐을까?

모든 제도에는 명확한 목표와 목표 달성을 위한 운영 방안과 운영의 묘가 필요하다. 회사와 직원 간의 자유로운 소통을 위한 게시판이라고 했는데, 직원과 어떤 주제의 소통을 하고 싶은지, 무엇을 어떻게 개선하고 싶은지와 같은 목표의 명확성을 계획해야 한다. 그리고 이 목표 달성을 위해 사내 게시판을 어떻게 운영해야 하는지에 대한 구체적 운영안을 설정하고, 시행 전에 직원들과 공유해야 한다. 마치 전자제품을 사용하기 전에 사용 가이드를 먼저 읽어보듯이, 직원들이 합의한 '게시판 사용 가이드'를 사전에 배포하는 것이다. 제도의 오·남용을 방지하고 건강하게 운영하기 위한 규칙을 만드는 것과 이 규칙을 조직 구성원과 합의하는 것이 중요하다.

또한, 사내 게시판을 현명하게 운영하기 위한 운영의 묘가 필요하다. 가령 주제별 열람 가능한 대상을 선정하거나, 비방·욕설 또는 특정 직원을 향한 인신공격성 발언은 즉시 삭제된다는 것을 '게시판 사용 가이드'에 추가하는 것이다. 모호하거나 너무 광범위한 질의가 많아진다면, 지금 우리 조직에 필요한 사항에 초점을 맞추게 하거나, 팀과 조직의 성장에 득이 될 내용 위주의 질의를 적도록 함으로써, 건강한 게시판 분위기를 조성해야 한다. FAQ 섹션을 마련해 전 직원으로 하여금 게시글 작성 전 자주 받는 질문과 대표의 답변을 참고하도록 해서 게시판 분위기와 대표의 답변이 발전적이고 생산적인 방향으로 나아가도록 하는 것도 필요하다.

환경과 상황에 따라 제도의 변화가 필요할 경우, 리더가 일방적으로 시행하는 것보다는 먼저 변경해야 하는 이유에 대해 직원과 공감대를 형성하는 것이 중요하다. 제도의 변경이나 중단에 대해 리더의 사전 소통과 고지 후 시행할 경우 제도의 효율성과 효과를 더 높일 수 있다.

좋은 의도로 만든 제도가 실행 단계에서 좋은 성과를 내는 제도로 연결되지 못하는 원인은 다양하다. 특히 원활한 소통, 건강한 팀워크, 생산적인 업무 분위기 형성 등 건강한 조직 문화를 목표로 하는 탄탄한 제도의 마련은 오랜 시간이 걸리는 과제다. 제도가 자리 잡기 전에 중단되는 경우도 많고, 시행 과정에서 예기치 못한 부정적인 결과가 나오기도 하며, 리더의 사고나 감정 변화에 따라 구성원의 공감대나 합의를 이끌어내기 전에 제도의 방향성과 시행 방법이 크게 바뀌어 효과를 못 보는 경우도 많다.

건강한 조직 문화를 만들기 위해서 어떤 제도를 시행하고자 한다면, 리더로서 명확한 목표, 제도의 효과나 효율성을 극대화하는 구체적인 운영안을 바탕으로 조직 구성원들의 공감대를 이끌어내야 하지 않을까? 회사 성장을 견인하는 조직 문화를 만들기 위해서는 오랜 시간과 노력이 필요하기 때문에 때론 잔바람에도 흔들리지 않는 리더의 뚝심과 굳건한 의지도 필요한 법이다.

Chapter 03

우리는 아는데
사장님만 모르는 것

우리는 아는데
사장님만 모르는 것

    자신이 타인에게 어떻게 보이는지 파악하는 심리학 이론 중에 자기인식을 하는 '네 개의 마음의 창(Johari Window)'이 있다. 네 개의 창 중에 첫 번째 창은 나도 알고 타인도 아는 '열린 창(open window)'이며, 두 번째 창은 나는 알지만 타인은 모르는 '숨겨진 창(hidden window)', 세 번째 창은 나는 모르지만 타인은 아는 '보이지 않는 창(blind window)', 그리고 마지막 창은 나도 모르고 타인도 모르는 '미지의 창(unknown window)'이다.

    조직을 이끄는 리더의 성향은 조직의 분위기와 문화, 조직이 일하는 방식에 지대한 영향을 미친다. 따라서 리더가 본인의 강점과 약점을 정확히 파악하는 능력은 매우 중요하다. 리더의 약점이 곧 조직의 약점이 될 수 있으므로 '약점을 파악하고, 보완하는 역량'이 곧 훌륭한 조직 문화, 일 잘하는 회사를 만드는 데 필수적이기 때문이다.

리더의 약점을 네 개의 '마음의 창'에 대입해보면 대다수가 첫 번째 '열린 창(open)', 또는 세 번째 '보이지 않는 창(blind)' 영역에 위치해 있다. 리더의 약점을 리더 본인도 알고 직원도 아는 '열린 창' 상태에 있거나, 리더의 약점을 리더 본인은 모르는데 직원은 아는 '보이지 않는 창' 상태에 있는 조직이 많다.

리더의 약점이 '열린 창' 상태에 있다면, 이 조직은 리더 스스로 약점을 보완, 관리하는 장치나 프로세스가 잘 갖춰져 있다. 예를 들어 리더의 약점을 보완하는 의사 결정권자를 전 부서에 두루 배치하거나, 사안에 따라 강점을 발휘할 수 있는 직원에게 권한 위임을 하는 방법 등이 있다.

직원들 모두 리더의 약점을 아는데 리더 본인이 자신의 약점을 모르는 '보이지 않는 창' 상태라면 어떤 어려움이 있을까?

직원들은 B사장을 '불도저'라고 불렀다. 추진력이 대단하고, 매 순간 지체 없이 의사 결정을 내려서다. 덕분에 회사는 경쟁사보다 빠른 홍보, 프로모션, 신제품 개발로 업계에서 차별성을 지니게 되었다. 직원들은 다 알지만, 사장 본인은 잘 모르는 것 같은 'B사장의 약점'이 있다. 바로 '신중함, 디테일이 부족하다'는 것이다. B사장은 보고 자료상에서 명확히 보이는 직원의 중대한 실수도 알아채지 못할 정도로 꼼꼼함이 부족했다.

영업팀장은 B사장과 비슷한 성향의 중간관리자다. 매년 수십 개의 대형 프로젝트를 진행할 정도로 놀라운 추진력과 실행력을 보이지만, 프로젝트 성공률은 절반 수준에 그친다. 영업팀에서는 종종 중대한 실수가 나와 고객 불만이 커지거나, 파트너 업체와 한 번에 처리할 수 있는 일을 여러 번 하는 경우도 있다. 이런 업무 과정에서 부하직원들은 피로감을 호소했고, 프로젝트 전후로 직원 퇴사율도 높았다.

마케팅팀장은 B사장과 정반대의 성향을 지녔다. 마케팅 프로모션을 진행하기 전 꼼꼼한 자료 조사, 계획, 분석을 하다 보니 B사장이 기대한 만큼 일이 빨리 진행되지 않거나 업무 진도가 나가지 않는 경우도 종종 있다. 마케팅팀 프로젝트는 착수하기까지 오랜 시간이 걸리나, 90% 이상의 성공률을 보여왔다.

B사장은 마케팅팀장보다 본인과 성향이 비슷하고, 본인의 성향을 잘 이해하고 맞춰주는 영업팀장이 훨씬 일을 잘한다고 생각했다. 또한 일의 성공을 위해 추진력과 빠른 의사 결정이 가장 중요하며, 자신의 강점인 추진력은 리더에게 가장 중요한 역량이라 생각했다. B사장은 평소 자신의 부족한 디테일로 인한 실수는 대수롭지 않게 여겼다. 또한 신중하지 못한 데서 오는 실패의 원인은 주로 치열한 시장 상황과 직원의 부족한 업무 역량이라고 생각했다.

시간이 지나면서 이 회사는 어떤 모습으로 변했을까? 마케팅팀장은 퇴사했다. 신중함과 디테일이 떨어지는 B사장의 약점을 매번 본인 혼자 메우기에도 버거웠는데, 인사 평가에서 본인이 일하고 기여한 것에 대해 인정받지 못했기 때문이다. 마케팅팀장과 비슷한 성향의 직원도 본인과 맞지 않는 조직이라 생각하고 퇴사하거나 이직했다. 이후 입사한 직원의 잦은 퇴사로 업무 공백기가 길어지거나, 새로 입사한 직원이 실무에 곧 바로 투입되었다.

대다수의 중간관리자는 영업팀장처럼 추진력이 강한 리더로 구성되었고, 팀에서 근속연수가 긴 팀원들 대부분 추진력이 강한 성향이었다. 회사는 강한 추진력으로 여러 개의 프로젝트를 계속 시작했지만, 늦게 시작한 경쟁사에 밀리는 상황이 반복되었고, 서비스 퀄리티 문제로 고객 불만과 이탈이 늘었다. 진행되는 프로젝트는 많지만, 실질적으로 이익을 내는 프로젝트는 줄었고, 파트너나 고객사와의 업무에서 중대한 실수도 반복되었다.

결국 B사장의 성향은 조직원의 업무 성향과 일하는 방식에 많은 영향을 미쳤다. 무엇보다 약점을 관리하지 않고, 본인과 비슷한 성향의 직원만 남는 환경을 조성한 결과, B사장의 약점은 곧 조직의 약점이 되었고, 이를 보완할 직원을 모두 잃어버린 셈이다. B사장의 강점은 그 회사의 강점이다. 그러나 B사장이 대수롭지 않게 여기는 약점 또한 그 회사의 치명적 약점으로 작용해 회사 성과에 영향을 미친 사례다.

리더는 약점 관리하는 능력 필요

조직에서 지위가 올라갈수록 점점 더 본인의 약점을 노출하거나 인정하는 게 어려워지기 마련이다. 그런 의미에서 리더는 약점을 드러내기 힘든 자리일 것이다. 그러나 이 세상 어떤 조직에도 '완벽한 리더'는 없다. 리더도 사람인지라 강점도 있고, 약점도 있다. 리더의 강점과 약점은 조직 문화, 조직이 일하는 방식에 결정적인 영향을 미친다. 약점을 방치하거나, 관리하지 않을 경우 본인의 약점이 곧 조직의 약점이 될 수 있기 때문에 리더는 자신의 약점을 정확히 파악하고, 약점을 보완하는 장치를 마련해야 한다.

가령 외부 컨설팅을 통해 리더를 포함한 직원, 조직의 강점 및 약점 진단을 받거나, 360도 다면 평가로 직원들과 리더가 서로를 평가하는 기회를 마련하는 방법 등이 있다. 약점을 관리하고 보완하는 대표적인 방안으로, 본인이 취약한 부분을 강점으로 가진 직원을 채용하거나 보직에 고루 배치하는 인사 전략이 있다. 그중 신뢰할 만한 중간관리자와 팀장에게는 실무에 대한 업무 결정 권한을 위임하거나, 정기 미팅을 통해 필요한 조언을 자주 듣는 자리도 필요하다.

다른 강점을 가진 직원을 포용하는 리더의 마인드도 매우 중요하다. 리더가 '나와 비슷하면 일 잘하는 직원', '나와 다르면 일 못하는 직원'으로 정성평가를 하거나 공식적인 자리에서 칭찬하거나 질책한다면, 결국 리더의 성향과 비슷한 직원만 조직에 남고, 리더와 리더의 약점을 강점으로 가진 직원은 점차 이탈하게 된다.

조직에 위기가 닥쳤을 때, 큰 규모의 프로젝트를 진행할 때, 결국 빛을 발하는 것은 각자의 자리에서 최고의 퍼포먼스를 내고 최선의 역할을 다하는 직원과 이들을 리딩하는 리더십이다.

그런데 모두 비슷한 성향끼리 모여 부족한 부분을 메울 수 없는 조직이라면, 위기 상황이나 중요한 업무에서 적절한 팀워크를 발휘할 수 없다. 게다가 리더의 약점이 보완되지 않고, 리더의 업무 성향과 비슷한 직원만 남은 회사는, 리더의 약점이 곧 조직의 약점이 된다.

사람은 누구나 약점을 가지고 있지만, 리더는 개인의 성향이 조직 문화와 조직이 일하는 방식에 큰 영향을 미치는 막중한 자리다. 따라서 리더 자신의 약점을 먼저 정확히 파악하고, 이를 보완하고 관리하기 위한 노력이야말로 진정한 리더의 자세가 아닐까?

화를 부르는
리더의 화법

　모 실장은 '사장님의 오른팔'로 불렸다. 강한 책임감과 성실함으로 사장의 신뢰를 받으며 지난 10년간 회사의 관리를 도맡아 해왔기 때문이다. 중소기업을 운영하는 사장은 모 실장에게 모든 관리 업무를 맡기고 주로 고객 영업에만 집중했는데, 최근 실무 담당 직원들이 연이어 퇴사하는 일이 발생했다. 보고된 퇴사 이유는 직원마다 달랐지만 마침 한 고객에게 '모 실장은 직원들을 대하는 태도에 개선이 필요하다'라는 피드백을 듣고 사장은 모 실장을 불러 그의 직원 관리에 대해 지적하기 시작했다.

　"사장님, 저에게 부족한 점도 있었지만 우리 회사 규모에서 10명이 넘는 직원들을 혼자 관리하며 제 업무까지 다 처리해야 하는 저의 입장도 고려해주셨으면 좋겠습니다."
　사실 사장은 모 실장과 함께 일한 지 오래되었기 때문에 그가 직원들을 대하는 태도에 어떤 문제가 있는지 알 것 같았다. 그러나 모 실장을 믿고 의지해온 만큼 직원 관리는 그가 알아서 해주기를 바랐으며, 자신은 영업에만 집중하고 싶었다. 모 실장에게 항상 고마움을 느꼈지만, 실무자들이 줄 퇴사하고 회사 업무가 마비되자 사장은 급기야 모 실장에게 '그동안 믿고 인사관리를 맡겼는데 네가 잘못해서 직원들이 계속 그만둔다'라는 식의 질책을 하고 말았다.

한편 모 실장은 사장과 더 이상 함께 일할 수 없다는 생각에 사직서를 제출했다. 본인은 지난 10년간 사장이 제일 신뢰하는 직원으로 사장과 가장 가까이 일하며 사장을 대신해 수많은 업무와 직원 관리까지 해왔다고 생각했다. 그럴 수 있었던 가장 큰 이유는 바로 '신뢰'다. 사장이 자신을 그 누구보다 신뢰한다고 생각했고, 자신도 사장을 100% 신뢰했기 때문이었다.

그러나 직원들의 퇴사가 모두 자신의 탓인 것처럼 질책하는 사장에게 큰 상처를 받았고, 신뢰가 무너지고 나니 그동안 쌓였던 불만과 피로가 몰려오며 더 이상 퇴사자들의 공백까지 메워가며 열심히 일할 필요가 없다고 생각했다. 말하자면, 모 실장은 회사를 그만둔다기보다 사장을 떠나는 것이었다.

사장의 역할은 무엇이었을까?

사직서를 받은 대다수 사장은 모 실장이 퇴사하면 벌어지는 현실적인 문제를 고려할 것이다. 모 실장을 설득하며 사직을 만류하거나, 아니면 그동안 모 실장의 안하무인격인 태도와 이로 인한 부정적 영향을 한꺼번에 꺼내서 당장의 고통을 감내하더라도 사직서를 받아들일 수도 있겠다. 이미 벌어진 상황에서 모 실장을 붙잡든, 보내야 하든 사장은 아쉬움과 고민을 안고 가야 한다.

사장은 믿고 의지하는 모 실장에게 인력 관리를 전적으로 맡긴 후 보고받는 것만으로 리더의 역할을 충분히 한 것일까? 만약에 사장이 모 실장에게 상황을 보고받은 뒤, 질책과 비난 대신 다음과 같은 대화를 했다면 어땠을까?
"그동안 얼마나 마음고생이 심했을까요? 고민이 많았겠어요."
모 실장의 마음을 먼저 알아준다면, 모 실장은 사장에 대한 믿음을 확인하며, 결과에 대한 자신의 부족함을 깨달을 수도 있을 것이다.

직원들은 저마다 '나름 열심히 일하게 하는 가장 강력한 동기 부여 요소' 하나씩을 가지고 있다. 모 실장에게는 그것이 '사장과의 신뢰'였다. 그동안 그 어떤 직원보다 자신을 믿고 있다는 것에 가장 큰 힘을 받고 일해왔기에 업무에 대한 책임감과 오너십을 더 강하게 가질 수 있었던 것이다. 모 실장처럼 만약 이 동기 부여 요소가 깨지는 경험을 할 때, 직원은 업무 의욕을 상실하며 퇴사까지 고려한다.

"지금 이 상황에서 어떻게 하면 최선일까요? 내가 어떻게 도울 수 있을까요?"
이미 벌어진 일에 연연하며 누군가를 비난하는 행위를 반복하는 것이 아니라, 문제 해결과 재발 방지에 대한 대화를 한다면, 사장이나 모 실장이나 혼자 안고 가는 큰 고민 덩어리를 잘게 부술 수 있을 것이다.

직원의 실수나 잘못으로 위기 상황이 발생했을 때 리더의 커뮤니케이션은 정말 중요하다. 질책하기보다 먼저 듣고, 직원의 어려움에 공감하며 함께 해결하고 개선해보자는 발전 지향적인 메시지를 담아 대화하는 스킬이 필요하다.

직원마다 업무를 위한 'R&R(역할과 책임)'이 있듯이, 사장의 R&R에는 모든 직원의 업무 결과에 대한 책임이 있다. 따라서, 사장은 모 실장의 인사 업무 결과에 대한 상위 책임자다. 관리자를 질책하기에 앞서, 사장의 역할을 다하지 못한 부분을 먼저 돌아볼 필요가 있다.

리더로서 선택과 집중도 필요하지만 지금 집중하고 있지 않은 조직 내의 많은 이슈도 내 시야 안에서 볼 수 있어야 한다. 특히 직원 관리, 조직 관리는 담당자가 따로 있다는 생각으로 리더의 시야에서 아예 걷어내버리면, 조직이 위태로워지거나 건강하게 성장할 수 없다. 결국 회사 일도 사람이 모여 하는 일이기 때문이다.

그래서 조직의 규모와 관계없이 리더십 역량을 끊임없이 길러야 한다. 오히려 조직 규모가 작고 성장하는 회사의 리더일수록, 모두가 일당백의 업무를 하는 중소기업이나 스타트업의 리더일수록, 리더의 역량에 따라 조직 전체가 휘청하거나 폭발적으로 성장할 수 있기 때문에 리더십 역량이 중요하다.

트렌드에 맞는 리더십 교육을 받으며 리더로서 역량을 키우는 일, 모든 직원이 번아웃되지 않도록 두루 살피고 배려하는 일, 직원을 향한 고

마음, 신뢰, 진심을 직원이 느낄 수 있도록 표현하는 일, 직원이 실수하거나 잘못했을 때 발전 지향적이고 현명하게 대화하는 일, 많은 업무를 처리하면서도 직원 개개인과 조직 전체를 아울러 보는 시야와 안목을 갖는 일, 모두 리더의 역할이자 책임이다.

상극이라 생각했던
리더와 직원

"사장님, 이번 프로모션은 작년에 A사가 진행했던 방법으로 해보면 어떨까요?"

사장은 탁 부장이 제안한 방법에 착안해 더 좋은 아이디어가 떠올랐다.

"차라리 B사가 했던 방식으로 진행하면 우리가 더 잘할 수 있을 것 같은데, 다른 사람들은 어떻게 생각하나요?"

"오, B사 방식은 바로 실행할 수 있습니다."

김 부장은 사장의 제안에 맞장구치며 대략적인 실행 방안, 필요 예산과 기간, 런칭 가능 시점까지 예측하며 구체화했다.

사장은 속으로 역시 김 부장과는 잘 맞는다며, 탁 부장과 일할 땐 묘하게 불편하다고 생각했다. 김 부장은 본인이 던진 아이디어를 최대한 실행하는 데 초점을 맞추는 반면, 탁 부장은 항상 자신과 다른 아이디어만 내는 것 같았다. 사장이 보기에 탁 부장은 추진력이 좋지만, 아이디어의 절반은 실행에 옮기지 못하거나 업무 완성도가 떨어졌다.

김 부장에게 사장은 '추진력 있고 큰 그림을 그려주며 본인이 꼼꼼히 실행하도록 믿고 맡기는 리더'였고, 탁 부장에게 사장은 '다른 직원의 아이디어는 듣지 않고 결국 본인이 생각한 대로만 추진하는 리더'였다.

한편 사장은 올해 직원을 더 채용할 계획인데, 내심 김 부장처럼 본인과 손발이 척척 잘 맞는, 자신과 코드가 맞는 직원을 뽑고 싶었다. 사장은 궁극적으로 직원들끼리 일하는 합이 잘 맞아야 업무 몰입도를 높일 수 있다고 생각했기에, 전문가의 조언에 따라 전 직원의 강점 진단을 진행했다. 어떤 진단 결과가 나왔을까?

"오, 사장님과 강점이 거의 똑같은 분이 한 분 계시네요? 바로 탁 부장님입니다!"

똑 닮은 사장과 탁 부장, 왜 서로 맞지 않는다고 느꼈을까? 성향이 비슷해서 잘 어울릴 수 있는 친구가, 업무의 합이 잘 맞는 동료가 되기 어려운 경우가 있듯이, 동일한 강점을 가진 사장과 탁 부장이 일할 때 서로 맞지 않는다고 느낄 수 있다.

비슷한 성향과 강점을 가진 직원들끼리 일할 때, 서로 가진 재능과 역량이 비슷해서 갈등이 발생하는 경우가 많다. 예를 들어, 아이디어가 뛰어나고 존재감이 강한 두 사람이 함께 일한다면, 자신들의 아이디어만을 고집하는 갈등 상황이 생길 수 있다.

탁 부장의 사례에서도, 탁 부장이 생각하는 사장은 다른 사람의 아이디어는 듣지 않고 자기 생각만을 추진하는 잘 맞지 않는 리더였다. 설령 같은 강점을 갖은 업무 당사자들끼리는 잘 맞는다고 생각하더라도 업무를 하는 과정에서 부족한 점이 명확하게 드러날 수 있다. 사장과 탁 부장이 한 팀으로 일한다면 좋은 아이디어도 계속 나오고 추진력은 탁월하겠지만, 현실적이고 구체적인 계획을 세우고 꼼꼼하게 실행해나가는 세부 업무는 어떻게 될까? 역으로 김 부장과 비슷한 성향의 사람들로만 구성된 팀이라면 실행력과 프로젝트 완성도는 매우 높겠지만, 새로운 프로젝트에 도전해보거나 추진력이 필요한 일은 어떻게 될까?

사장이 김 부장과 잘 맞는 사람이라고 생각했던 이유는, 서로 다른 강점을 갖고 있기 때문이다. 김 부장은 성취 지향적이며 아이디어가 뛰어난 사장을 옆에서 지지하고 점검하며 아이디어를 실현해주었다. 새로운 아이디어로 도전하며 추진하는 사장과 디테일한 업무 계획을 바탕으로 프로젝트를 실행하는 김 부장과 서로 다른 강점으로 시너지를 내고 있기에, 서로 잘 맞는 관계였다.

다름에 대해 이해하라는 조언은 많지만 나와 비슷한 업무 성향을 가진 팀원이나 동료와의 갈등이 발생할 때 어떻게 해결해야 하는지에 대한 조언은 드물다. 먼저, 내가 어떤 유형의 사람인가를 인식하는 것이 중요하다. 타고난 성향, 강점과 약점에 대한 인식을 통해 자기 모습, 나아가 리더로서 모습을 객관적으로 파악하는 것 자체가 해결책이 될 수 있다. 내가 일할 때 내 역량을 가장 잘 발휘할 수 있는 방법을 나의 입장에서 생각해보면, 상대방을 어떻게 대할지에 대한 해답을 얻을 수 있다. 나와 잘 맞지 않는 사람이 있다면, 내가 그 사람과 동일한 유형의 사람이기 때문일 수 있다. 반대로 나와 잘 맞는다는 것은 알고 보면 나와 다르기 때문일 수 있다.

앞의 사장과 탁 부장의 사례에서, 사장은 탁 부장의 아이디어에 착안해서 더 좋은 아이디어를 생각해냈다. 사장의 강점은 업무 성과 측면에서 잘 발현되었지만, 리더십 측면에서는 어떻게 나타났나? 사장이 탁 부장의 최초 아이디어를 인정하며, 탁 부장의 역량 발휘를 지원했다면 사장과 탁 부장이 아이디어 시너지의 성과를 낼 수 있지 않을까?

리더는 직원 한 명 한 명에게 관심을 두고 강점을 인정하고 지지하는 것이 중요하다. 직원이 무엇을 잘하는지, 직원의 강점은 무엇인지, 어떻게 일할 때 시너지가 나는지 리더가 정확히 파악하고 있어야 직원이 최대의 역량을 발휘해 일하고 성과를 낼 수 있도록 조직을 구성할 수 있다. 결국 리더는 모든 직원이 본인의 강점과 업무 역량을 발휘할 수 있도록 인력을 배치하고 조직을 최적화해야 하기 때문에 직원에 대한 관심과 통찰력을 가져야 한다.

특히 리더가 특정 성향을 보인 직원들을 선호해 비슷한 강점을 가진 직원들로만 팀을 꾸리거나, 리더와 다른 성향의 직원은 남지 못해 떠난다면 조직은 발전하기 어렵다. 리더가 서로 다른 직원들을 이해하고 직원들이 가진 성향과 강점을 긍정적으로 바라볼 때 다름과 같음을 조화롭게 섞어서 일 잘하는 완벽한 팀을 만들 수 있지 않을까?

제갈량같이 완벽한 리더를
모시는 부하의 고충

'초가집을 세 번 방문한다'라는 뜻의 삼고초려(三顧草廬)는 '유비가 제갈량의 마음을 얻기 위해 제갈량의 집을 세 번 찾아갔다'라는 말에서 유래되었다. 《삼국지》에 나오는 제갈량은 모든 면에 능통하고 다재다능한 특급 인재다. 한왕조의 후예라는 명분 외에 아무것도 없는 유비가 촉나라를 세울 수 있었던 비결은, 바로 제갈량이라는 인재 영입과 권한 위임이다.

유비의 전적인 믿음과 지원을 받은 제갈량이 수많은 전쟁에서 승리를 이끄는 과정을 보면 신출귀몰하다. 전략과 전술을 짜는 것부터 전쟁터에서 직접 진두지휘하는 것까지, 1인 다역으로 모든 일을 처음부터 끝까지 완벽하게 처리해내며, 뛰어난 기량을 발휘하다 과로로 병세가 악화되어 54세로 생을 마감한다.

모든 면에 완벽한 제갈량은 자신보다 부족한 점이 더 많은 다른 사람을 믿고 일을 맡기기 어려웠을지도 모른다. 만약에 제갈량이 자신의 재능을 '승리를 이끄는 사람'을 만드는 데 사용했다면, 역사는 달라졌을까?

제갈량 같은 완벽주의자 리더

U사 제갈 팀장은 오전에는 사내 회의, 오후에는 고객과 파트너 회의, 저녁에는 전략과 실행 계획 세우는 것으로 바쁜 일과를 보내며, 퇴근 후에는 실행되는 업무를 모니터링한다.

기대 이상의 성과를 내며 회사의 주요 사항을 파악해 즉각적으로 보고하는 제갈 팀장은 U사장에게 든든한 부하직원이다. 제갈 팀장은 사장이 자신을 신뢰하고 지원하기에, 그 기대에 부응하기 위해 실수를 줄이고자 노력하며 회사 일에 자신의 모든 에너지를 쏟는다.

"팀장님, 이번 계약 건은 제가 책임지고 맡겠습니다."

장 과장은 이 업계의 영업통이다. 이번 일을 자신의 계획대로 진행하기를 원했다.

"어떻게 진행할 것인데요?"

제갈 팀장은 지난번 경쟁사에 고객을 뺏긴 장 과장을 향해 날카롭게 질문했다.

"고객사 담당자가 제 지인의 친구입니다. 경쟁사에서 제시한 조건을 입수해서…."

"우리나라에서 장 과장의 지인 아닌 사람이 있나요?"

장 과장은 호언장담했지만, 제갈 팀장에게 무안만 당했고, 결국 조 대리와 함께 팀장이 지시한 내용대로 해야 했다.

장 과장은 업계에서 원만한 대인관계 능력자로 소문났다. 그런데, U 사장의 전폭적 지지를 받는 제갈 팀장과 일하면서부터 의기소침하게 되었고, '팀원들이 제갈 팀장의 입만 바라보고 있다'라며 자주 불만을 토로했다. 장 과장은 요즘 이직을 고민하고 있다.

한편, 장 과장과 함께 일하는 조 대리는 일에 대한 성취 의지가 강하며 제갈 팀장의 탁월한 업무 능력과 열정을 존경한다. 그러나 회사를 위해 모든 시간과 에너지를 쏟고 있는 제갈 팀장처럼 살기를 원치 않는다. 회사일 외에 개인의 삶도 중요하다고 생각하는 조 대리는 제갈 팀장과 오래 일할 생각이 없다. A부터 Z까지 팀의 모든 업무를 보고받고, 세세하게 지시하는 제갈 팀장 아래에서는 성장할 수 없다고 생각한다.

제갈 팀장은 최근 사업 2팀을 추가로 맡게 되면서, 야근하는 것이 다반사가 되었다. 사업 2팀의 팀장이었던 권 차장은 제갈 팀장의 팀원으로 일하게 되었다. 우직하고 성실한 권 차장은 제갈 팀장보다 사업 분야에 경험과 노하우가 많지만, 제갈 팀장은 평소 자신의 방식대로 팀원들 개개인과 면담하며 업무 지시를 하기에 권 차장의 도움을 크게 필요로 하지 않았다. 권 차장은 강등되어 자존심도 상하고 마음도 편치 않았지만, 제갈 팀장이 야근하는 동안 함께 남아 책을 읽거나 인터넷 검색으로 시간을 보내며, 필요할 때 도움이 되고자 했다.

제갈 팀장의 업무 몰입도는 비교가 안 될 정도로 매우 높다. 그런데 다른 팀원들은 어떤가? 장 과장은 남들이 인정할 만한 대인관계 능력이 있으나 이직을 고민하고 있다. 성장과 성취 의지가 강한 조 대리는 자신의 성과를 인정받기 어려운 조직에서 떠날 생각을 하고 있다. 노련하고 우직한 권 차장 역시, 업무와 동떨어져 시간만 보내고 있다. 결국 팀원들은 업무에 몰입하지 않고 있다. 팀장의 업무 몰입이 오히려 팀원의 업무 몰입에 장애가 되고 있다.

모든 일을 처음부터 끝까지 꼼꼼하게 살피며 한 치의 실수 없이 성과를 이끄는 제갈 팀장은 사장에게 믿음직하고 훌륭한 부하직원임은 틀림없다. 이런 제갈 팀장은 팀원들에게도 믿음직하고 훌륭한 리더일까?

완벽주의자 리더, 팀원의 업무에 방해

완벽주의자 리더는 팀원을 본인만큼 신뢰하지 않는다. 제갈팀장은 리더인 자신이 가장 뛰어나다고 생각한다. 가장 많은 시간과 노력을 일에 쏟고 있으니, 다른 어떤 사람들보다 본인이 일에 대해 가장 잘 안다고 믿는다. 일을 계획하고, 실행하며, 모니터링까지 모두 직접 해야 좋은 성과가 나온다고 믿기 때문에 팀장인 자신이 해야 할 일들이 점점 많아지는 반면, 팀원들은 일에 몰입할 필요 없이 팀장의 지시를 기다리는 시간이 점점 늘어난다.

제갈 팀장은 팀의 성과를 이끄는 리더가 아닌, 리더 자신만의 몰입과 성과로 팀을 이끌어간다. 모든 업무를 본인 혼자서도 해낼 수 있다고 믿기 때문에 팀원마다 가진 강점을 강화해 적합한 업무에 배치하거나, 팀원이 특정 프로젝트를 주도적으로 이끌어나가도록 권한 위임을 하지 않는다. 팀원들은 완벽주의 리더가 시키는 것을 완벽하게 해내는 데 집중하며, '본인의 업무'라는 몰입과 책임감을 갖기 어렵다. 따라서 제갈 팀장의 팀에서는 시키는 일을 잘하는 직원이 나올 수는 있지만, 탁월한 리더로 성장하는 직원이 나오기 어렵다.

일만 보이고 사람은 안 보이는 리더

완벽주의자 리더의 시야에는 오직 일과 이슈만이 존재한다. 이러한 리더에게 승진은 기회가 아닌 위기로 이어진다. 더 많은 일을 하면서 정신적·체력적 소진을 하게 되어 일을 지속할 수 없는 상황이 올 수 있거나, 넓어진 업무 영역에 공백이 생겨 일 처리 능력이 떨어지는 저성과자가 될 수 있기 때문이다.

흔히, 리더의 모습을 오케스트라 지휘자에 비유한다. 리더는 수준급 연주자가 아닌, 연주자들이 합을 맞춰 수준급의 연주를 하도록 이끄는 사람이기 때문이다. 즉, 조직 내에서 리더는 일 잘하는 직원 이상의 역량을 갖춰야 하며, 자신의 시야에 사람과 일을 같이 두려는 노력이 필요하다.

아무리 완벽주의자 리더라도 신입 직원 때부터 모든 업무를 완벽하게 해낸 사람은 없었을 것이다. 일 잘하고, 좋은 성과를 내는 완벽한 리더로 성장하기까지 나에게 권한 위임을 해준 상사, 내가 업무 몰입을 해서 최고의 성과를 낼 수 있도록 믿어준 팀과 동료들이 있었기 때문에 완벽주의자 리더로 성장할 수 있었을 것이다.

　일하면서 내 시야에 일 외에도 '사람'을 둔다는 것은 참 어려운 일이다. 하지만 일도, 조직 관리도 완벽하게 잘하는 리더가 되기 위해 팀원 모두 제쳐두고 자신은 일만 보고 있지 않은지, 본인만큼 팀원도 업무에 몰입할 수 있는 환경과 기회를 제공하고 있는지, 팀원이 자신의 강점을 활용해 좋은 성과를 내도록 적절한 업무에 배치되었는지 계속 성찰하는 게 필요하지 않을까?

직원이 끌리는 리더 vs
직원이 떠나는 리더

X사에서는 요즘 들어 부쩍 직원들의 퇴사와 이직이 잦다. 직원들의 퇴사로 업무 공백이 생기면서, 남아 있는 직원들에게 퇴사한 직원의 업무가 할당되었다.

"퇴사한 이 과장의 일은 김 팀장이 맡아서 이번 달까지 무조건 끝내주세요. 그 일 하면서 체크리스트를 잘 봐야 하고…"

X 대표는 김 팀장에게 이 일이 얼마나 중요한지, 어떤 점을 놓치지 말아야 하는지를 꼼꼼하게 설명했다.

"우리 회사의 5년 후 비전은 ○○○억 원을 달성하는 것입니다. 이를 위해 이런 일들을 해야 합니다. 이런 일은 우리 회사의 주요 사업의 근간이 됩니다. 이런 일을 잘해야 다음 일의 영역을 확장할 수 있습니다…"

X 대표는 직원들에게 회사의 비전을 구체적으로 제시하며 스스로 소통을 잘하는 리더임을 확신했다.

그런데 X사의 직원들은 퇴사하면서, '비전 없음', '리더의 소통 부족', '리더가 조직과 직원의 발전과 성장에 관심 없음', '리더와 직원이 서로 무관심함' 등 회사의 비전과 리더십의 문제를 꼽았다.

반면, Y사는 요즘 역량과 전문성을 가진 직원들에게 소위 핫한 회사다. X사에 비해 규모와 매출이 적은 편임에도 업계에서 유능한 직원들은 X사가 아닌 Y사에서 일하기를 희망했다. Y사 직원들은 회사의 강점을 '리더십'으로 여기고, Y사 대표는 회사의 강점을 '직원'으로 여긴다. Y사의 리더는 어떤 리더십을 발휘할까?

Y사 대표는 매년 5월 초가 되면 전 직원에게 '본인 부모님이 가장 좋아할 선물' 구입 링크를 제출하게 하고, 대표가 직접 어버이날 선물과 감사 카드를 챙긴다. 분기마다 '교육의 날'을 정해 직원 각자 희망하는 외부 교육이나 세미나를 듣고 오도록 권장한다. 또 매월 전 직원과 타운홀 미팅을 하며 솔직하고 거리낌 없이 소통한다. 이번 미팅에서도 대표의 짧은 발표를 들은 Y사 직원들은 모두 근로 의욕에 넘쳤다.

"우리 모두 알다시피 4분기 목표는 매출 ○○억 원입니다. 여기서 순수익은 ○억 원 정도로 예상하고요. 저는 최고의 복지는 '월급과 일 잘하는 동료들'이라고 생각합니다. 그래서 4분기 순수익 중 25%는 연말 상여금으로 지급해드리고, 25%는 내년 Y사와 직원분들의 성장을 위한 교육, 컨설팅, 복지 지원, 업무용 기자재 구입에 투자할 겁니다. 지난 9개월, 각자의 자리에서 모두 고생 많으셨습니다. 올해 남은 3개월 우리 같이 열심히 하고, 상여금과 함께 기분 좋은 연말 보냅시다."

Y사 대표는 사람과 리워드를 최고의 복지로 여기며 소통한다. 일 잘하는 직원이 아닌 함께 일하는 동료로서 존중하며, 목표와 성과를 투명하게 공유하며 이익을 나눈다. Y사 대표에게는 사람이 제일이기 때문이다.

X사의 리더는 일이 가장 중요하다. 그래서 직원과의 대화에서는 일하는 '사람'보다 사람이 하는 '일'에 집중한다. 리더는 회사의 비전을 자세하게 이야기하며 누구보다 소통을 잘하고 있다고 생각하지만, 직원에게는 통하지 않는 말 많은 리더다. 직원들은 이런 리더의 모습에서 직원과 상관없는 비전, 소통 부족과 무관심을 떠올린다.

요즘 회사의 리더들은 세상이 빠르게 변화하고 있다는 것을 직원들에게서 느낀다고 한다. 흔히들 신입사원 시절부터 믿고 확신했던 사회생활의 규범이 현세대에는 적용하기 어렵다고 이야기한다. 최근 들어 회사 구성원의 주축이 되는 소위 밀레니얼세대의 특징이 심심치 않게 회자된다.

밀레니얼세대가 회사에서 추구하는 첫 번째 가치는 자신이 하는 일의 '의미'다. 일에 대해 이해가 되지 않거나 어려우면 일에 대한 동기 부여를 잃는다. 두 번째 가치는 자신이 하는 일에 대해 '인정'받는 것이다. 일을 잘하고 있는지 확인하며 성과에 대해 인정받는 것이 중요하다.

세 번째 가치는 '흥미'다. 일하는 과정이 재미가 없거나 쿨하지 않으면 쉽게 지치고 떠날 준비를 한다. 네 번째 가치는 '공정'이다. 공정이 요즘 우리 사회에서 가장 흔한 단어가 된 배경 중 하나에는 밀레니얼세대의 강력한 가치가 반영되었기 때문이 아닐까 한다.

마지막 가치는 '존중'이다. 예나 지금이나 존중은 구성원들에게 중요한 가치다. 존중의 가치가 예전과 다른 것이 있다면, 예전에는 구성원들이 일하면서 존중을 받지 못하면 사기가 저하되며 동기 부여가 떨어져서 성과에 영향을 미쳤다면, 요즘은 퇴사나 이직을 하는 경우가 더 많다. 그만큼 회사 생활에서 추구하는 강력한 가치이기 때문이다.

그러면, 직원들이 꼬이는 리더와 직원들이 떠나는 리더의 가장 큰 차이는 어떤 것일까?

Y사의 리더는 직원을 함께 일하는 동료로 존중하며, 존중하는 수준에서 동기 부여 방안을 실행한다. Y사 직원들이 회사에서 존중받으며 일한다는 것은 개인이 추구하는 가치를 실현하며 산다는 의미다. 이런 리더 곁에는 사람들이 꼬일 수밖에 없다.

회사에서 목표와 성과는 가장 중요한 키워드다. 그렇기에, 목표를 세우고 성과를 내기 위해 일에 집중하다 보면, 일을 하는 사람, 성과를 내는 '사람'을 건너뛰고 '일' 이야기로 시작해서 일 이야기로 끝나기 일쑤다. 결국, 일과 성과는 사람이 만들어내는데, 사람을 간과하고 무시하다 보면, 그 '사람'은 리더 곁을 떠나게 된다.

직원들이 떠난다면, 사람을 먼저 보고, 사람을 통해서 일을 보는 리더인지, 일을 먼저 보는 리더인지 한 번쯤 생각해보는 것이 어떨까.

사소한 순간에
쌓이고 무너지는 신뢰

나 팀장은 신 대리의 사직서를 받고 당황스러웠다. 평소 일 잘하고 싹싹했던 팀원이라, 그의 퇴사를 전혀 예상하지 못했기 때문이다. 인사팀장과 면담 결과, 사실 신 대리는 오랫동안 직속 상사인 나 팀장과 일하는 게 힘들었으며, 퇴사를 결심한 결정적 계기는 지속해서 자신을 무시하는 팀장의 말과 태도 때문이라고 했다.

직원들 사이에서 나 팀장은 '일은 잘하지만 까칠한 리더'로 통했다. 나 팀장과 한 팀으로 일할 때 그의 성격을 견딘다면, 업무적으로는 많이 배우고 성장할 수 있다는 팀원들도 있었다. 그러나 신 대리는 매일 인사도 제대로 받아주지 않고, 회의 때마다 무시하는 듯한 말투로 피드백을 주는 리더가 과연 일만 잘한다고 해서 좋은 리더라 할 수 있는지 반문했다.

나 팀장과 신 대리의 갈등은 사소한 일로 시작되었다. 매일 아침 신 대리가 건네는 인사에 나 팀장은 항상 시큰둥했고, 업무 보고를 받을 때마다 "확실해요?", "책임질 수 있어요?"라며 재차 물었다. 물론 처음에는 신 대리도 나 팀장과 잘 지내보려고 노력했다. 쪽지와 함께 간식을 선물하기도 하고, 나 팀장이 까칠하게 굴수록 더 살갑게 대하려 했다. 그러나 직속 상사의 기분 나쁜 말투와 태도에 지친 신 대리는 점점 나 팀장과 말을 하지 않게 되었고, 퇴사까지 결심하게 된 것이다.

나 팀장은 신 대리가 본인 때문에 힘들어했다는 점을 뒤늦게 들었으나, '모든 팀원을 똑같이 대했는데, 왜 신 대리만 불만을 가진 거야?'라고 생각했다. 게다가 신 대리의 업무 능력을 높이 평가해 특별히 신경 써서 그를 승진하게 하려던 참이었는데, 업무적인 이유가 아닌 본인의 말투, 태도와 같은 사소한 것 때문에 퇴사를 하다니, 전혀 이해할 수 없었다.

사소한 것에서 쌓이고 무너지는 믿음

조직에서 리더와 팀원 사이의 믿음은 아주 사소한 것에서 쌓이고 무너진다. 예를 들어, 리더가 인사를 제대로 받아주지 않거나 매번 팀원을 배려하지 않는 말투나 매너로 말할 때, 팀원은 리더에게 감정이 상하기 시작해서 리더가 하는 말과 행동에 매번 부정적인 의견을 갖게 될 수도 있다. 작은 불신과 오해가 거듭될수록 팀원은 리더에게 신뢰를 잃어버리며, 리더를 믿고 따르지 않는 직원과 리더는 업무적으로도 계속 마찰과 갈등이 생길 수밖에 없다.

리더와 팀원이 일하기 위해 만난 특수한 관계라는 점을 고려하면, 회사에서 작은 불편함이나 감정적인 갈등에 대해 서로 터놓고 이야기하는 것이 쉽지 않다. 현실적으로 팀원이 리더의 말투와 행동을 지적하며 개선해달라고 요청하기도 어렵다.

팀원 입장에서는 업무 외적인 요소들로 리더와 충돌할 때, 본인이 프로페셔널해 보이지 않거나 상사에 의해 부정적인 인사평가를 받을지도 모른다는 걱정을 할 수도 있다. 중요한 것은 사소한 것에서 시작된 갈등은 시간이 지날수록 리더와 팀원의 관계를 악화시킨다는 점이다. 함께 일하는 사이에 필요한 신뢰와 결속력을 깨뜨리며, 장기적으로는 업무에도 지장을 준다.

작은 것도 챙길 줄 아는 리더십

리더는 업무적으로 큰 그림을 그리는 사람이다. 그러나 팀원과의 관계에서는 사소한 것도 챙길 줄 아는 역량이 필요한 자리다. 팀원이 리더에게 갖는 믿음과 신뢰는 인사 주고받기, 대화할 때 눈 마주치기, 경청하고 있다는 신호 보내기, 열심히 준비한 결과물에 대해 칭찬과 격려하기 등 아주 작은 것에서부터 시작된다. 사소한 것을 신경쓰면서 리더로서 일을 한다는 것이 어려운 과제일 수 있지만, 리더십이 제대로 효과를 발휘하기 위해서는 작은 것을 챙길 줄 알아야 한다.

특히 갈등 상황에서 팀원을 대할 때, 리더의 말과 행동은 더욱더 조심스러워야 한다. 팀원을 무시하는 말투나 혼잣말, 상대방의 감정을 배려하지 않는 행동, 혹은 리더로서 팀원에 대한 부정적인 의견을 조직 내 다른 직원에게 말하는 것은 갈등을 악화시킬 뿐이다. 리더 본인이 기억하지 못할 정도로 사소한 말과 행동이 때로는 팀원과의 관계를 무너뜨리는 불씨였을 수도 있다.

결국 회사 업무는 사람과 사람이 하는 일인지라, 신뢰가 없는 리더와 팀원이 일할 경우 일이 원활하게 진행될 가능성도, 좋은 성과가 나올 가능성도 매우 낮다. 리더는 업무적으로도, 감정적으로도 팀원 앞에서 전문가다운 모습을 보여야 한다.

리더는 팀원과의 신뢰를 바탕으로 팀이 최고의 역량과 성과를 내도록 이끌어주는 사람이므로, '일 잘하는 리더'라는 의미에는 팀원을 관리하고 케어하는 일도 포함된다. 즉, 팀원에게 신뢰를 주고 팀원이 리더를 믿고 따라올 수 있도록 하는 정성적 역량도 필요하다. 리더의 안 좋은 기분이 팀원을 향한 사소한 말과 행동으로 표출되는 것을 항상 경계하고, 필요할 때는 팀원의 동기 부여와 업무 의욕을 향상시킬 수 있는 페르소나를 활용하는 일도 중요하다.

존경받는 리더십은 뛰어난 업무 능력, 훌륭한 퍼포먼스, 그리고 사소한 것들로부터 축적된 팀원들의 믿음을 바탕으로 한다. 일할 때는 크게 멀리 보고, 팀원을 대할 때는 세심하게 깊게 보며, '신뢰는 받는 게 아니라 주는 것'이라는 것을 보여주는 리더십을 실천해보면 어떨까?

정 과장,
우리끼리 이야기인데

"내가 이럴 줄 알았어. 그렇게 덜렁거리더니 이번 수주도 못 하고. 이 부장은 참 디테일이 떨어지는 사람이야."

사장은 여느 때처럼 경영지원팀의 정 과장을 불러 속상함을 토로했다.

"이 부장님이 좀 더 꼼꼼하게 챙기셨다면 결과가 달라질 수 있었을 텐데, 사장님께서도 아쉬움이 크시겠어요."

사장은 자기 말을 잘 들어주고 맞장구도 잘 쳐주는 정 과장에게 속마음까지 솔직하게 터놓았다. 업무적으로도 사장은 정 과장과 직접 소통할 일이 많았지만, 사장이 답답하거나 고민이 있을 때마다 유일하게 불러 이야기할 수 있는 직원이었다. 정 과장은 사장과 가장 많은 시간을 보내는 직원 중 한 명이다.

얼마 후 하반기에 예정된 중요한 프로젝트에서 이 부장의 역할이 배제되었다. 직원들 사이에서는 사실상 회사가 이 부장에게 업무상 불이익을 준 것이나 다름없다는 이야기가 오갔다. 그 무렵, 회사에는 소문이 돌았다. 사장이 덜렁거리고 디테일이 떨어지는 이 부장을 안 좋게 봐왔으며, 얼마 전 수주 받지 못한 건에 대해 화가 나서, 이 부장을 프로젝트에서 배제했다는 내용이었다.

소문은 사장의 귀에 들어갔고, 사장은 자신이 이 부장에 대해 말한 표현 그대로 떠도는 것을 들으면서 이 말이 어디에서 나왔는지 심증이 갔다. 얼마 후, 사장은 다른 직원과의 면담을 통해 유일하게 속을 터놓으며 믿고 의지했던 정 과장이 사장과의 대화 내용을 이야기하고 다닌다는 것을 알았다.

배신감을 느낀 사장은 정 과장을 불러 사실 확인을 위해 따져 물을지, 따끔하게 이야기하고 앞으로 둘 사이의 이야기는 절대 다른 직원들에게 말하지 말라고 당부할 것인지, 괘씸죄로 정 과장을 인사 이동시켜야 할지 고민했다.

사장이 느낀 배신감은 충분히 이해할 만하다. 정 과장을 신뢰해서 "우리끼리니까 하는 이야기인데…"라며 말한 민감한 내용이 직원들 사이에 모두 퍼졌기 때문이다. 그러나 안타깝게도 원인은 사장이 제공한 것이다. 친밀한 직원에게 솔직하게 말한 내용, 특히 특정 직원에 대한 리더의 부정적인 평가나 생각은 다른 직원에게 말하지 말았어야 했다. 리더가 특정 직원에 대한 부정적 평가나 비난을 다른 직원에게 말한다면, 그 말을 듣는 직원도 리더가 자신에 대한 부정적 평가나 비난을 다른 직원에게도 말할 수 있다고 생각하며, 리더를 신뢰하지 않을 것이다.

리더의 말은 무게가 상당하며 여파가 크기에, 아무리 가깝고 편한 직원이라 하더라도, 리더의 개인적 감정이 실린 평가는 해서는 안 된다. 앞의 사례에서 이 문제로 정 과장을 감정적으로 대하거나 인사상 불이익을 준다면, 직원에게 리더의 프로다움과 품격은 완전히 떨어지고 말 것이다. 이런 문제가 발생하지 않기 위해 리더는 어떻게 해야 할까?

먼저, 리더와 직원 사이에 적정 공간이 필요하다. 리더도 감정이 있는 사람인지라 함께 오래 일해서 특별한 직원이나 사적으로 친한 직원이 있을 수 있지만, 모든 직원과 적절한 안전거리를 유지하는 것이 필요하다. 리더가 특정 직원과 허물없이 친하게 지낸다면, 다른 직원에 대한 개인적인 감정을 자연스럽게 드러낼 수 있을 뿐만 아니라, 조직에서 소위 '라인'이 형성될 수도 있다. 장기적으로 공정한 리더십 발휘가 어려울 수 있으며, 능력이나 성과보다는 관계 중심의 조직으로 전락할 수 있다.

또한, 직원의 성향에 대한 부정적인 표현이나 비난은 하지 말아야 한다. 일하다 보면 업무 행위나 결과에 대한 질책은 있을 수 있으나, 사람의 성향이나 존재 자체에 대한 비난은 하지 않도록 주의해야 한다. 예를 들면, 리더가 직원의 업무 결과에 문제를 발견해서, '이 부분은 문제가 많네요'가 아닌, '당신은 문제가 많은 사람이야'라고 한다면, 직원은 리더에게 자신의 존재를 부정당하는 상처를 받아 업무 의욕을 완전히 상실하게 될 것이다. 리더는 지나가는 말에도 사람 자체의 존재에 대한 부정적 감정이 드러나지 않도록 항상 조심해야 한다.

마지막으로, 객관적인 평가와 합리적 의사 결정은 리더십의 기본이다. 리더가 감정이 실린 평가를 한다면, 리더 곁에는 일 잘하는 직원보다 아부 잘하는 직원들만 남게 될 것이다. 또한, 앞의 사례에서 직원들은, 이 부장이 프로젝트에서 배제된 이유를 사장의 개인적인 감정 개입의 결과로 인식했다. 리더는 다수가 객관적으로 납득할 만한 의사 결정과 이를 위한 객관성과 타당성에 대해 소통하는 것이 중요하다.

리더의 역할은 조직 구성원의 강점을 살려서 적절한 포지션에 배치해 최상의 하모니로 최고의 성과를 내는 것이다. 흔히 리더를 무대 밖에서 무대를 디렉팅하는 사람에 비유한다. 그래서 리더는 무대 안에 있는 사람들과 일정 거리를 유지하며 밖에서 전체를 볼 수 있는 시야를 키우기 위해 노력해야 한다.

관점을 바꿔서, 무대 안에서 리더를 바라보는 많은 사람은 리더의 말 한마디, 손짓, 행동 하나하나를 주목하고 있다. 그래서 리더는 사소한 말 한마디에도 신중해야 한다. 특히, 사람과 존재에 대한 부정적 평가나 비난은 무대 전체에 소요와 오해를 불러일으킬 수 있다. 리더로서 나는 직원들과 적절한 공간을 잘 유지하며, 개인적인 감정 없이 충분히 객관적인지 한번 돌아보면 어떨까?

착한 직원 많은 회사에
줄퇴사 생기는 이유

"예 부장, 퇴사한 박 과장 후임을 또 외부에서 채용해야 하나요? 회사 내 적임자를 찾아보면 어떨까요? 아, 김민지 대리가 일을 잘한다고 했죠? 김민지 대리가 박 과장이 했던 일을 배워서 하면 되겠네요."

"네, 알겠습니다. 사장님 지시대로 그렇게 진행하겠습니다."

Y사의 부서장들 대다수는 이전 회사에서 사장과 일했던 직원이거나, 신입사원 때부터 사장과 함께 일해온 직원이다. 직급이 높을수록 사장과 일한 기간이 오래된 직원이며, 사장의 의중을 잘 파악하며 비위도 잘 맞춘다. 그래서 사장은 부서장들과 함께 일하는 것이 편하다. 언제나 자신을 지지하고 따르는 착한 직원들이며, 큰 반발 없이 일하기 때문이다.

예 부장 역시 오랜 기간 사장과 일해왔고 사장의 성향을 잘 파악하고 있기에, 사장의 의견대로 김민지 대리에게 박 과장이 했던 일을 맡기기로 결정했다. Y사는 그동안 관리자급으로 외부 인력을 채용한 경험이 몇 번 있었는데, 대부분 갈등을 겪고 거의 다 퇴사했다. 그래서 사장은 외부 경력직 채용에 대해 보수적으로 생각하게 되었고, 결국 회사에는 조직 문화를 잘 수용하며 갈등을 일으키지 않는, 사장의 관점에서 착한 사람들만 남게 된 것이다.

김민지 대리는 갑자기 그동안 해왔던 일과 완전히 다른 업무를 해야 한다는 회사의 결정과 심지어 외부 기관에 가서 교육까지 받아야 한다는 점이 당황스러웠다. Y사 직원들은 자신의 의견을 강하게 이야기 안 하는 분위기지만, 김민지 대리는 용기를 내어 예 부장에게 면담을 청하고, 새로운 업무를 맡은 점에 대한 불만을 표현했다.

"김 대리, 물론 외부 인력을 채용하면 좋겠지만 그건 사장님이 원하시는 바가 아니에요. 사장님은 내부 직원을 키우고 싶은 의지가 있고요. 저도 처음 새로운 업무를 맡을 때는 고민이 많았기 때문에 김 대리 입장도 충분히 이해하지만, 결국 김 대리가 업무적으로 성장할 좋은 기회가 될 거예요. 우리 회사는 열정과 예의를 중시하는 거 아시죠? 해보기도 전에 무조건 반대 의견을 내거나 일에 대한 열정이 없는 직원은 다 떠났잖아요."

"네, 잘 알았습니다."

김민지 대리는 Y사의 다른 직원들처럼 더는 이의를 제기하지 않았고, 3개월 후에 사직서를 제출했다. 예 부장은 아무 조짐도 없었던 김 대리의 퇴사 결정에 깜짝 놀랐고, 이를 보고받은 사장은 퇴사를 결정하기 전에 문제를 이야기해서 해결하고자 노력하지 않은 김 대리의 태도가 괘씸했다. 그런데 Y사에는 입을 꾹 닫고 시키는 대로 일은 하지만, 이직 준비를 하는 대리와 사원들이 대부분이었다.

어떤 점이 김 대리를 떠나게 했을까?

첫째, Y사의 조직 문화를 바라보는 사장과 김 대리의 차이다. 사장이 생각하는 Y사는 리더의 지휘에 따라 갈등을 야기하지 않고 묵묵하게 일하는 착한 직원들이 있는 조직이다. 그러나 김 대리가 생각하는 Y사는 아무도 문제를 이야기하지 않는 문제 있는 회사다. 부서장들이 사장의 지시나 의견을 무조건 수용하다 보니, 목소리를 내거나 이견을 제시하는 것이 소용없는 일이다. 사장과 오래 일하지 않은 중간관리자 중에 반대 의견을 내거나 새로운 시도를 했던 직원은 회사를 떠났고, 그 빈자리를 채우기 위해 김 대리와 같이 직급이 낮은 사원이나 대리는 자율과 책임 없이 상사가 시키는 일을 해내야 했다.

둘째, 예 부장이 팀의 리더로서 역할을 소홀히 하고 있다는 점이다. 예 부장은 과거 조직 문화와 맞지 않은 직원은 회사를 떠났다는 생각에, 김 대리에게 사장의 지시를 전달하는 수준의 대화를 했다. 용기를 내어 대화를 시도했던 김민지 대리는 뻔할 것 같은 대화가 뻔한 대화가 되었기에 더욱더 입을 닫게 되었다. 예 부장은 회사의 모든 결정과 판단은 사장의 역할이며, 이에 따른 책임 역시 사장의 몫이라고 생각하기에 회사의 주요 결정은 사장에게 맡기는 것이 안전하다고 여긴다. 사장과 다른 의견을 내면서 사장과 불편한 관계가 되거나 혹여나 이런 일로 책임을 지거나 인사상 부정적 평가를 받는 것이 자신에게 위험하다고 생각하기 때문이다. 결국, 예 부장은 사장과의 관계만을 중요시하며 팀의 리더로서 팀원의 고충을 이해하며 함께 해결하고자 하는 노력 등 리더의 역할을 제대로 수행하지 않았고, 팀원의 고민과 어려움을 방치했다.

셋째, 사장에게 착한 직원만 남는 회사를 이끄는 사장의 리더십이다. 사장은 채용한 외부 경력 직원의 조직 적응의 어려움과 이질감에 따른 갈등 등 부정적인 경험을 했다. 사실, 외부 경력 사원은 채용할 때 동일 경력의 내부 직원보다 높은 급여를 제시했으나, 기존 직원보다 기대만큼의 성과를 내는 것 같지 않았다. 따라서 사장은 회사에 적응한 신입사원을 중간관리자로 성장시켜 조직 문화를 유지하는 것이 최선이라 여겼다. 사장은 자신의 의견에 예스로 답하며 일사불란하게 실행하는 직원이 조직 문화와 잘 맞고 함께 일하기 좋다고 평가했다. 자율적이며 자유로운 분위기에서 개인의 성취와 성장을 원하는 김민지 대리는 이런 Y사의 문화와 맞지 않는다고 생각하기에 퇴사를 결심했다.

곁에 오랜 예스맨만 남게 되는 Y사의 사장, 직원들의 퇴사를 줄이고 회사를 성장시키려면 어떻게 해야 할까?

사장과 직원 모두에게 직무와 책무가 필요

회사의 모든 구성원에게는 직무와 책무가 필요하다. 즉, 사장을 포함한 직원 누구에게나 각자의 위치와 직급에 맞는 업무, 성과를 위한 책임이 필요하다. 사장의 판단과 결정을 그대로 수용해서 일사불란하게 움직이는 조직은 단기적 성과를 내기에는 효율적인 조직일 수 있지만, 장기적인 성장에는 한계가 있다.

따라서 팀과 직원에게 맞는 권한, 책임을 주는 리더십을 발휘해야 한다. 사장의 직무 중 하나는 적절한 직원에게 적합한 권한 이임이다. 권한 이임을 통해 자발적 조직 문화를 이끌며, 리더 스스로 권한을 사용할 줄 아는 유능한 인재들을 채용하고 관리해서 직원들이 성과와 조직 성장에 기여하도록 이끌어야 한다.

성장을 위한 다양성 흡수

다양한 경력, 업무 경험을 가진 인재를 포용하는 리더십이 필요하다. 다른 조직 문화와 외부 경험을 가진 인재를 채용하는 것은 조직에게는 성장할 수 있는 반경을 넓히는 기회가 될 수 있다. 외부 인재를 영입했을 때 문화 차이로 인한 배척이나 단기간 내의 기존 직원과 성과 비교 등은 조직 성장의 기회를 차단하는 것이다. 다양한 시각, 기존과 다른 관점에 대해 열린 마음을 가지고 직원 각자가 가진 강점을 발휘할 수 있도록 조직을 구성하고, 리더와 다른 의견에 대해서도 합리적으로 검토하고 성찰해봐야 한다.

직원들에 대한 케어

리더의 중요한 역할 중 하나는 직원에게 개인과 조직에 대한 비전을 심어주는 것이다. 즉, 직원들로 하여금 '내가 이 회사에서 어떻게 성장할 수 있을지' 명확하게 그릴 수 있도록 도와주는 것이 리더의 역할이다. 훌륭한 리더는 직원들이 단계별로 업무를 확장하며 성장하도록 이끌고, 멘토로 삼을 수 있는 중간관리자들을 키우며, 리더 스스로가 직원들의 롤모델이 된다.

회사는 서로 다른 사람들이 같은 목적을 가지고 일하는 공동체다. 당연히 어려움과 갈등이 내재해 있다. 이 어려움을 극복하고 풀어가는 과정에서 필요한 것이 바로 리더십이다. 내가 이끄는 조직은 나의 의견을 수용하고 지지하는 착한 사람만 있어 조직 운영과 관리가 너무 쉽다고 생각하지는 않는지, 그래서 어려움을 해결하는 리더십의 필요성조차 못 느끼는 것은 아닌지 한번 돌아보면 어떨까?

대표와 직원의
동상이몽

오후 6시 5분, P대표는 사무실을 둘러봤다. 퇴근 시간 6시가 지나자 모니터는 이미 꺼져 있고, 직원들의 자리는 텅 비었다. 오늘은 월급날이다. P대표는 텅 빈 사무실에서 오늘 지출된 급여의 총금액과 쉽게 오르지 않는 회사의 매출을 생각하며 한숨을 쉬었다.

6개월 전, 나름 높은 연봉계약을 하고 채용한 개발자는 어제 사직서를 제출했다. 퇴사 사유는 '이직'이었다. 인사 팀장에게 자세한 사유를 물어보니, 그 직원은 업계 최고의 연봉을 자랑해 개발자들에게 인기 있다는 회사로 이직한다고 했다.

P대표는 고민 끝에 각 팀장을 불러서 답답한 현재 상황에 대해 점검하고자 했다.

"서비스개발 팀장, 새로운 서비스 출시는 잘 준비되고 있나요? 예전에는 출시 직전에 야근이나 초과 근무도 많이 했던 것 같은데. 일정에 차질

없이 진행되고 있는지요?"

"인사팀장, 요즘 직원들이 입사한 지 얼마 안 돼서 퇴사하는 경우가 꽤 많네요. 회사 안정에도 문제지만, 직원 입장에서도 한 직장에서 2~3년은 일해야 어디 가서 경력을 쌓았다고 이야기할 수 있지 않나요?"

"마케팅팀장, 직원들이 외부기관에서 교육받기를 원한다고 했는데, 교육은 직원 개인 시간을 좀 투자해도 될 듯한데, 꼭 근무 시간 중에 교육을 받는 방법밖엔 없나요?"

팀장들로부터 P대표와의 회의 내용을 들은 직원들은 이렇게 말했다.

"9시까지 출근해서 일하고 6시에 퇴근하는데, 대표님은 뭐가 문제라고 생각하시지? 업무 준비하고 마무리하는 시간은 근무 시간 외에 따로 해야 한다고 생각하시나 봐."

"한 직장에 오래 다니는 거? 평생직장? 에이, 요즘은 능력 있으면 계속 연봉 높여서 이직하는 사람들이 얼마나 많은데."

"직원들이 교육받는 건 당연히 근무 시간 내에 받을 수 있도록 회사에서 허락해줘야 하는 거 아니야? 업무에 필요한 교육이니까, 교육도 업무의 연장이지."

이렇게 P대표와 직원들은 조직 문화 전반에 관해 완전히 다른 생각을 하고 있다.

칼퇴 vs 즉퇴

P대표와 직원들은 '출퇴근 시간'의 개념부터 다르다. 사장이 생각하는

9시 출근은 '9시에 업무를 시작해야 한다'라는 것이며, 9시 업무 시작을 위해서는 각 개인에게 필요한 업무 준비 시간만큼 일찍 회사에 도착해야 한다는 의미다. 그러나 직원들에게는 '9시까지 출근해 자리에 앉으면 된다'라는 의미다.

6시 퇴근 역시 '최소한 6시까지 일을 하고 이후부터 퇴근 준비를 해야 한다'라고 생각하는 P대표와는 달리, 직원들은 '칼퇴' 대신 '즉퇴'라는 말을 사용한다. '칼같이' 퇴근하는 게 아니라 '즉시' 퇴근한다는 의미로, 퇴근해야 할 '6시 정시에 바로 퇴근한다'는 뜻이다. 과거 P대표가 사원, 대리였을 때처럼 상사보다 무조건 일찍 출근하고, 무조건 늦게 퇴근해야 하는 조직 문화도 바뀐 지 오래다.

진득하게 vs 연봉 점프

P대표는 한 직장을 오래 다니며 소위 과·차장도 달고 임원으로 승진하는 것을 능력이라 생각한다. 따라서 직원 채용 시 잦은 이직 경력이 적힌 이력서를 볼 때, '끈기가 부족하거나 꾸준히 회사 다니는 것을 어려워하는 사람인가?', '그래도 한 직장에서 몇 년은 일해야 경력이 좀 있다고 할 수 있지 않을까?'라고 생각한다.

한편, 직원들에게는 이직을 자주 하더라도 계속 연봉을 높여 인정받는 것이 능력이다. 잦은 이직 경력이 있는 지원자에 대해서도 '내 능력으로 연봉을 높여 자주 이직한 것뿐, 회사는 근속 기간보다 직무 중심, 능력 위주로 직원을 채용하는 게 맞지 않을까?'라고 생각한다.

교육은 개인의 성장 vs 업무의 연장

직원이 교육을 받는 것에 대해 직원과 P대표의 의견이 다르다. P대표는 '아무리 업무 관련 교육일지라도 직원 개인의 성장을 위한 교육이기도 하므로, 업무 시간 외 필요하면 개인 시간을 투자해 교육을 받아야 한다'라고 생각한다.

반면 직원들은 '업무 관련 교육도 업무의 연장이므로, 당연히 근무 시간 내에 교육받는 것을 회사가 인정해야 한다'라는 입장이다. 퇴근 후 혹은 주말 시간에 업무 관련 교육을 받게 하는 것은 '워라밸'을 지켜주지 않는 회사라고 생각한다.

출퇴근 시간, 근속 기간, 교육 등 직원들과 생각이 너무 다른 P대표, 어떻게 회사를 운영하며 관리해야 할까?

성과 중심, 효율성 위주의 조직 관리

근무 시간에 비례해 업무 성과가 나오고, 회사 이익이 늘어나는 시대는 저물고 있다. 시간과 비용은 최대한 적게 들이고, 성과는 극대화하기 위해 기업들은 효율성에 초점을 맞추는 추세다. 따라서 성과 중심, 효율성 위주의 조직 관리 방법이 필요하다. 즉, 절대적인 근무 시간보다 직원들이 업무와 성과에 대한 책임감을 갖게 하는 일이 훨씬 중요하다. 결국 리더는 전 직원과 업무별 단기·장기적인 성과 목표를 분명히 공유하고, 효율적인 방법으로 더 많은 성과를 내는 데 집중해야 한다.

직원에 대한 투자, 동기 부여 강화

많은 대표가 '연봉이 더 높은 회사로 이직하는 직원이 퇴사하는 건 막을 수 없다'고 고민한다. 그러나 높은 연봉 외에도 능력 있는 직원의 장기근속을 독려하는 다양한 보상이 있다. 대표적으로 성과를 달성했을 때 격려금을 주거나, 직원 업무 역량 강화를 위한 교육에 시간과 비용을 아낌없이 투자하거나, 리더가 직원을 인정하며 신뢰하는 정서적 지원을 하는 것 등이다. 직원에 대한 투자, 동기 부여를 강화하는 것은 장기적으로 회사와 조직에 대한 투자다. 업무 의욕이 높고, 훌륭한 역량을 갖춘 직원들로 조직을 구성하고 있다는 것은 회사가 성장할 수 있는 가장 큰 동력을 갖추는 것이기 때문이다.

직원과 조직이 함께 성장하는 비전 제시

현재 활발하게 사회생활을 하며 향후 20~30년간 조직 내에서 가장 큰 성장 동력이 될 밀레니얼세대가 '일하고 싶은 회사'의 요건으로 꼽는 요소가 있다. 바로 '자기 계발, 성장 가능성이 있는 회사'다. 평생직장을 대신해 평생직업·직무라는 말이 생겼듯, 점점 직원들은 회사와 함께 '개인이 성장할 수 있는 조직'에서 일하기를 희망한다. 리더의 중요한 역할 중 하나는 바로 '비전 제시'다. 따라서 리더는 성과 목표 달성과 적절한 보상, 직원에 대한 투자와 동기 부여 등의 방법을 통해 '우리 회사는 직원과 함께 성장하는 것을 목표하는 조직'이라는 비전을 꾸준히 제시해야 한다.

물론 이런 방법들이 모든 문제를 해결해줄 수는 없다. 누가 옳고 틀리다가 아닌, '다름'과 '변화'의 시각에서 어떻게 대응할 것인지 함께 고민하기 위한 제안이다. 세상은 빠르게 변하고, 함께 일하는 사람들의 생각이나 가치관도 달라졌다. 과거의 성공 경험을 고수하며 빠르게 변하는 환경에 유연하게 대처하지 못하는 것은 아닌지 짚어볼 필요도 있다. 점점 더 많은 회사가 '얼마나 오래 일하느냐'보다 '얼마나 효율성 있게 일하고 좋은 성과를 내느냐'에 더 무게를 두고 있다. 결국 기업에 최적화한 효율적 업무 방식을 통한 탁월한 성과가 기업의 경쟁력이 될 것이다.

참 어려운 시기다. 대표로서 내 사업을 하거나, 회사를 경영하는 일은 때론 달리는 열차에 탑승해 있는 것과 같다. 내리고 싶은 마음이 불쑥 올라올 때도 있고, 아무리 달려도 제자리에 있는 것 같아 맥이 탁 풀릴 때도 있다. 그럼에도 불구하고 더 큰 발전을 위해 열심히 달리고 있는 모든 사장님에게 지지와 응원을 보낸다.

일에 몰입하지 못하는 직원?
리더의 이것 때문

"요즘 성과도 지지부진하고, 에너지도 없고, 다들 아이디어도 내지 않고, 프로젝트 제안서도 수준 이하고, 회사 분위기도 산만한 것 같고…. 도대체 문제가 뭡니까?"

금요일 오후, 대표는 직원들을 모아놓고 오래 참았던 말을 장황하게 늘어놓았다. 직원들은 고개를 떨구고 노트에 아무 말이나 적으며 그저 이 회의가 얼른 끝나기만을 바랐다. 대표가 보기에 직원들은 꽤 오래전부터 업무에 몰입하지 못하고, 일에 집중하지 않는 것 같았다.

한편 직원들은 '대표의 질책이 있어도 회의 시간만 넘기면 된다, 어차피 주말 지나면 아무 일도 없었다는 듯 회사는 돌아갈 거다, 적당히 참고 버티면 된다'라고 생각했다.

스타트업으로 시작했던 이 회사가 처음부터 이랬던 것은 아니다. 초기에는 직원들도 치열하게 일하고 끊임없이 아이디어를 냈다. 서로 업무에 몰두한 나머지 식사도 점심 시간이 훨씬 지나고서야 시켜 먹기 일쑤였다. 하지만 성장 궤도에 오르기까지 대표는 모든 직원의 업무에 A부터 Z까지 의견을 내며, 직원들이 하는 일을 일일이 점검하며 지시했고, 아주 사소한 업무도 본인이 원하는 방식으로 진행했다.

"김 과장, 제가 알려준 내용대로 하지 않고 왜 다르게 했나요?"

대표는 자세한 가이드라인을 지시했는데, 새로운 내용이 추가된 것을 보고 언짢아하며 날카롭게 물었다. 김 과장은 VOC(고객의 소리)와 다른 직원들의 의견을 반영해서 더 잘하려고 했던 일인데 오히려 질책을 받아서 기분이 몹시 상했다.

결국 직원들은 대표에게 정답이 있으며 작은 결정도 무조건 대표 의견을 따라야 한다는 것을 알게 되면서 점점 더 주도적으로 일하기를 꺼렸다. 직원들 나름대로 아무리 열심히 일해도 대표가 보기에는 늘 부족해 보이는데, 칭찬은 고사하고 원망만 듣게 되니, 다들 요령껏 대표가 원하는 대로만 적당히 일하기 시작한 것이다.

조직 몰입 해치는 리더의 마이크로 매니저먼트

조직 내 구성원들이 어떤 목적을 달성하기 위해 정서적으로 몰입된 상태를 '조직 몰입'이라 한다. 몰입된 구성원은 자기 일, 동료, 조직에 높은 수준의 유대감을 느끼며, 구성원의 자발적 헌신과 열정을 수반한 조직 몰입은 조직의 효율성과 생산성을 높인다.

조직 구성원의 몰입을 저해하는 요소 중 하나는 바로 리더의 마이크로 매니지먼트(Micromanagement)다. 모든 업무에 리더가 개입해서 사소한 부분까지 결정하고 세세하게 자주 보고받아야 안심하는 리더는 조직 구성원이 자기 일에 책임과 권한을 갖지 못하도록 만든다. 마이크로 매니지먼트를 하는 이유 중 하나는, 리더가 원하는 업무 방법, 방향성을 이미 정답처럼 정해놓고 있기 때문이다.

마이크로 매니지먼트가 계속되면 구성원들은 '리더가 어차피 바꿀 것이고, 리더가 원하는 방향대로 일이 처리될 것이므로' 아이디어를 내지 않고, 수동적으로 주어진 일만 하게 된다. 장기적으로 직원의 자발성, 창의력, 자기 일에 대한 책임감, 동료와 조직에 대한 유대감은 사라지고, 직원들은 업무에 몰입하지 못하는 것이다. 게다가 몰입에 있어서 조직 구성원들의 자발적인 헌신과 열정은 필수적인 요소인데, 리더가 칭찬과 인정에 인색하고 감정적인 보상조차 하지 않는다면, 직원들의 스스로 일하고자 하는 욕구는 남아 있기 어렵다. 그렇다면 구성원들이 몰입하도록 돕기 위해서는 어떤 리더십이 필요할까?

직원에 적절한 책임과 권한 부여해야

우선 마이크로 매니지먼트를 경계해야 한다. 조직 구성원을 존중하고 신뢰하며, 자신의 업무에 몰입할 수 있도록 적절한 책임과 권한을 부여해야 한다. 가령 '그 업무에 대해서는 김 과장이 저보다 전문가이니까 더 잘할 거라 믿어요'와 같이 직원을 신뢰하며 권한을 위임하거나, '고객과 직원의 의견을 반영하는 새로운 시도를 했군요'와 같이 열린 마음으로 의견을 듣고 인정하는 리더의 말 한마디로도 직원의 업무 몰입을 끌어낼 수 있다.

리더는 직원이 자발적이고 열정적으로 일할 수 있도록 칭찬과 격려를 아끼지 않고, 수시로 긍정적인 자극을 받도록 소통해야 한다. 직원마다 업무에 몰입하고 강한 책임감을 느끼게 되는 이른바 '내적 동기'가 다른데, 직원이 어떤 요소에 동기 부여를 받아 열심히 일하는지 파악해서 직원들을 고무시키는 것이 바로 리더가 할 일이다.

장기적이고 지속해서 직원이 몰입할 수 있도록 성과에 대해 공정하게 평가하는 시스템을 마련하는 것도 중요하다. 직원이 역량을 발휘하고 몰입해서 좋은 성과를 냈을 때, 리더가 칭찬하고, 인정하고, 적절한 보상을 주고, 성장의 기회를 제공할 경우, 직원은 계속 몰입할 수 있다.

역으로 '공정성 이론'을 빌리자면, 직원이 '나는 항상 50만큼 일하는데 보상은 10밖에 안되네?' 혹은 '나는 50만큼 일했고, 다른 직원들은 20만큼 일했는데 보상은 똑같이 10만큼만 받네?'라고 느끼는 상황이 지속될 때, 직원은 투입 대비 결과가 불공정하다고 여기며, 업무에 몰입하지 못하고 점점 10만큼만 일하게 될 가능성이 크다.

직원들의 자발적 몰입은 지속적이고, 동료들과 팀, 조직 전체에 긍정적인 영향을 끼친다. 결과적으로 조직의 생산성 향상에도 크게 기여한다. 리더의 역할은, A부터 Z까지의 일에 몰입해 리더 개인의 성과를 내는 것이 아니라, 조직 구성원들을 일에 몰입하게 해서 팀의 성과를 내는 것이다.

 따라서, 리더는 조직 구성원들이 각자 본인 업무에 책임감과 열정을 가지고 자발적으로 일할 수 있도록 주도성을 부여하고, 장애물을 제거해주며 직원들이 몰입할 수 있는 환경을 만들어주는 사람이다. 시키는 것보다 스스로 하도록 만드는 것이 더 어려운 법이지만, 직원들이 스스로 몰입하도록 만드는 일에 몰입하는 리더가 되어보면 어떨까?

Chapter 04

리더를 힘들게 하는
직원들과 일 잘하기

투잡 하는 직원

직장인은 한 번쯤 자기 사업을 꿈꾼다. 직장인의 가장 큰 장점은 매달 꼬박꼬박 받는 월급, 즉 '안정성'이다. 하지만 언젠가 회사를 그만두어야 할 때를 떠올리면 앞날이 막막하다. 어떤 일을 해서 생계를 유지할지, 노후는 어떻게 책임져야 할지 고민하다 보면 회사에 다니는 것보다 지금부터 사업을 준비하는 게 낫지 않을까 하는 생각이 들기도 한다.

꼭 자기 사업 준비가 아니더라도 평생직장이 없어진 시대, 월급만 빼고 물가가 오르는 시대, 정년 이후 제2의 삶을 준비해야 하는 시대에서 직장인은 투잡으로 더 많은 수입을 얻고 싶어 한다. 2019년 11월 한 조사에 따르면, 직장인 10명 중 7명이 투잡 경험이 있다고 응답했다. 특히 생활비, 여유자금 등의 부수입이 필요해서라는 이유가 68%에 달했다.

직원 개인의 입장에서는 필요하고 이해할 법한 일이지만, 회사 사장과 동료의 입장에서는 고민과 갈등의 원인이 될 수 있는 투잡. 만약 내가 투잡을 하는 직원이라면, 혹은 내가 사장인 우리 회사에 투잡하는 직원이 있다면, 어떻게 대처해야 할까.

평생 한 회사에서 열심히 일해왔던 고 부장은 부쩍 고민이 많아졌다. 언제까지 일할 수 있을지 모른다는 불안감과 함께 올해 임원이 되지 못하면 결국 만년 부장으로 퇴사해야 한다는 압박감도 생겼다. 임원이 되는 것도 하늘의 별 따기지만, 설령 임원이 된다 해도 임원은 '임시직원'이라는 말이 있듯이 매년 계약을 갱신해야 하니 고용의 불안이 있기는 마찬가지다.

게다가 아직 경제적 지원이 필요한 아이들, 대책 없는 노후, 경기 불황으로 저조한 실적에 대한 고민까지 겹치면서 고 부장은 마냥 불안해하며 회사만 다닐 수 없다고 생각했다. 그래서 고 부장은 배달 위주의 작은 햄버거 가게를 아내 명의로 오픈하기로 결정했다. 낮에는 회사 일을 하고, 퇴근 후 아내와 교대해 가게 운영을 시작했다.

고 부장의 햄버거 가게는 개업 초기부터 매출이 잘 나오기 시작했다. 고 부장은 매출과 직결되는 홍보 마케팅 부분에 욕심이 생겼고, 결국 부서 내 디자인 담당 직원에게 전단지 디자인, 마케팅 담당 직원에게 SNS 마케팅 등의 아르바이트를 제안했다. 직원들은 고 부장의 제안을 흔쾌히 수락했다. 회사 업무에 크게 지장을 주지 않으면서도 부수입이 생기기 때문이었다. 얼마 후 고 부장 부서의 일부 직원은 근무 시간 내 회사 업무와 고 부장의 햄버거 가게 업무, 두 가지 일을 공공연하게 병행하게 되었다. 몇 개월 후, 고 부장이 햄버거 가게를 하고 있다는 소문이 사장 귀에 들어갔다. 사장은 오랜 기간 함께 일한 고 부장이 겸업을 금지하는 회사에서 투잡을 하고 있다는 소문을 믿고 싶지 않았다. 게다가 회사의 직원들이 고 부장 가게를 아르바이트 형식으로 도와주고 있다는 소문에 더욱더 화가 났다. 일단 사실 확인이 필요했지만, 사장의 고민도 깊어졌다. 고 부장은 현재 맡은 사업의 적임자였고, 사업 특성상 고 부장을 대체할 인력을 바로 구하기는 어려운 상황이었기 때문이다.

또한 회사는 고 부장의 오랜 경험과 시장에서의 인맥이 필요했다. 사장은 고 부장에 대한 소문이 사실이 아니길 바라는 마음으로 형식적 조사를 했고, 행여 직원들이 고 부장의 부인이 하는 햄버거 가게의 일을 하게 하지 말라고 단단히 주의를 주었다. 결국 이 소문은 명확한 증거가 없기에 별도의 징계 없이 마무리되었다.

이후 고 부장의 햄버거 가게는 맛집으로 선정되면서 나날이 번창했다. 회사의 조사 이후에도 일부 직원은 햄버거 가게의 마케팅, 영업, 디자인 등의 일을 계속 도와주며 아르바이트 보수를 받았다. 다만 직원들은 고 부장의 가게 일로 투잡하는 것을 은밀하게 진행했다. 햄버거 가게 매출이 늘면서 고 부장은 마케팅에 더 큰 비용을 썼고, 사내 마케팅 분야의 유능한 직원들은 알음알음 고 부장을 찾아가 일을 도와주고, 부수입을 버는 투잡을 했다.

한편 고 부장의 옆 부서에서는 고 부장의 투잡을 곱지 않은 시선으로 바라봤다. 회사에서 더 열심히 일하고, 회사 일에 올인하는 자신에 비해

고 부장의 부서는 이전처럼 경쟁적으로 치열하게 일하지도 않고, 업무 강도가 적은 프로젝트만 추진하면서, 투잡으로 부수입까지 얻고 있기 때문이다. 그런데도 이 상황을 아는 듯 모르는 듯 무심하게 넘기는 사장의 결정에 직원들은 회사 생활에 대한 가치관의 혼란과 함께 우직하게 회사 일에만 집중하는 게 맞는지 고민도 커졌다.

직장인이라면 누구나 고 부장이 햄버거 가게를 시작한 이유에 대해 격하게 공감할 것이다. 또한 대다수가 고 부장의 부서원이라면 부서장과의 관계에서 쉽게 할 수 있는 일에 대한 부탁을 거절하기 어려울 것이며, 더욱이 편하게 투잡을 통해 부수입을 얻을 수 있으니 부서장의 부탁을 마다하지는 않을 것이다. 업계 특성에 따라 어떤 회사에서는 투잡을 일부 허용하는 회사도 있지만, 많은 회사는 사규나 근로계약서에 '겸업 금지 조항'을 넣어 투잡을 금지한다. 이럴 경우 투잡의 행위는 근로계약 위반이다. 회사의 자원과 정보를 개인의 이익을 위해 이용하는 것은 통상적으로 회사의 윤리 강령에 위배되는 일이다.

오랜 회사 생활을 한 고 부장은 회사의 규칙과 윤리 강령을 잘 숙지하고 있음에도 회사 일과 개인의 일을 분리하지 않은 채 자신의 부서원들을 근무 시간에 자신의 개인 사업에 활용했다. 이로써 부서원도 회사의 규칙과 윤리 강령을 위배하게 했다. 고 부장을 포함해 부서 전체가 계약과 규칙을 어겼을 뿐만 아니라, 회사의 본업에 소홀해지거나 집중하지 못해 결과적으로 생산성 저하 및 다른 직원들에게 부정적 영향을 미쳤다.

그러나 법과 윤리 강령 이전에 상식과 규칙이 통하는 세상에서 지켜야 할 선이 있다. 우리가 만들고 물려주어야 할 사회가 규칙을 위반하는 것이 밝혀지면 문제가 되는 것이고, 규칙을 위반해도 증거가 없으면 문제가 안 되는 사회는 아니지 않은가? 직원이라면, 자신도 언젠가 사장의 위치에서 일할 날이 올 수도 있다고 생각해보면 넘지 말아야 할 선이 좀 더 명확해지지 않을까?

회사는 업무시간 외 직원의 삶을 규제할 권리가 없다. 그러나 투잡을 하는 직원이 피로, 과도한 겸업 등의 이유로 회사 업무에 소홀해진다면, 사장 입장에서는 직원의 투잡이 고민거리가 된다. 회사의 사규에 겸업 금지 조항이 있어도 겸업에 대한 뚜렷한 증거가 없을 경우, 겸업을 단정하기 어렵기도 하다. 직원 입장에서 투잡은 필요하고, 이해할 수 있는 대상이나 회사 입장에서 투잡은 제지하고 싶지만 제지하기 어려운 대상이다.

그러나 고 부장의 사례와 같이 다른 직원들이 인지할 정도로 회사에서 부서원들을 동원해 공공연하게 투잡을 하는 행위에는 단호한 조치가 필요하다. 사장의 애매한 의사 결정은 직원들에게 오히려 혼란을 줄 수도 있다. '투잡을 해도 사장이 모르게 하면 되는구나!', '투잡을 안 하는 사람은 무능하구나' 등 회사의 의도와는 전혀 다르게 냉소적인 조직 문화가 형성될 수도 있다.

사업을 위해 꼭 필요한 인재를 유지하기 위한 타협적 조치가 더 크고 중요한 것을 잃게 할 수 있다. 사장이라면 룰을 지키는 다수를 위해 지켜야 할 선을 명확하게 할 필요가 있지 않을까.

예스맨 vs 쓴소리하는 직원

　리더는 외롭다. 회사 다니기 힘들어도 친한 동료가 있으면 견딜 만한데, 리더에게는 친구가 없다. 직원은 사장과 같이 밥 한 끼, 커피 한잔하는 것도 부담스럽게 생각한다. 일상적인 외로움도 있지만, 리더에게는 무겁고 고독한 책임감이 따른다. 사장은 결국 회사 전체의 성과, 성장 등을 오롯이 책임지는 자리기 때문이다.

　그래서 많은 리더가 '예스맨'을 좋아한다. 사장 의견에 항상 동의하고, 사장이 시킨 것은 무조건 'Yes'라고 대답하는 직원이 리더의 입장에서는 큰 위안이 되는 것이다. 그런데 회사의 운명이 달린 어떤 중대한 결정을 내려야 하거나, 혹은 매출 감소로 인한 위기 상황이라면 '예스맨'이나 '위안이 되는 직원'이 도움이 될까?

　G사의 Y과장은 사장의 절대적 신임을 받고 있다. 사장의 의견은 항상 옳고, 사장의 지시사항은 무조건 따라야 하며, 회사에서는 사장이 시키

는 일만 해내면 된다는 원칙을 갖고 일한다. Y과장은 사장의 '예스맨'이다. 사장은 자신의 의견을 100% 수용하고 따르는 Y과장을 특별한 직원으로 여겼고, Y과장은 사내에서 사장과 업무 외적으로 독대하는 유일한 직원이 되었다.

한편 Y과장과는 전혀 다른 성향의 N과장은 회사를 이끌어가는 것은 사장과 자기 자신을 포함한 직원 모두라고 생각한다. N과장은 G사를 자신의 회사처럼 여기고 종종 사장이 시키는 일 이상을 했고, 모든 업무에 주도적이고 능동적인 자세로 임했다. N과장은 사장의 의견이 시장 트랜드와 맞지 않거나 매출 신장에 도움이 안 된다고 판단하면, 사장에게도 소신 있게 'No'를 외쳤다. 사장 입장에서는 N과장이 편하지 않았다. 가끔 사장의 업무 제안에 여러 근거를 들어 이견을 제시하거나, 본인이 확신하는 일에는 100%만 하면 될 일을 200%, 300%까지 해오기 때문이다.

"N과장, 그래서 이번 제품을 밀지 않겠다는 거야?"
"네. 말씀하신 제품은 요즘 소비자에게 매력적이지 않습니다. 작년에 유사한 제품을 출시한 경쟁사에서도 이미 주요 라인업에서 제외했습니다. 최근 분석한 소비자 데이터에서도 비슷한 결과가 나왔습니다. 따라서, 대안으로…."

사장은 N과장의 설명이 끝나자마자 Y과장을 회의에 불렀다.
"Y과장, 내가 저번에 말한 주력 상품 말이야, 어떻게 생각해?"
Y과장은 회의 분위기를 짧게 살피더니 예스맨답게 사장의 의견에 동의하며, 자신의 팀에서 주력 상품으로 진행해보겠다고 했다.

G사의 연말 인사고과 결과가 나왔다. Y과장과 N과장이 같은 점수를 받았다. 직원들 사이에서는 Y과장이 업무 역량, 성과보다 더 좋은 인사 평가를 받았지만, N과장은 아쉬운 평가를 받았다는 이야기가 돌았다. Y과장은 사장의 의견에 따라 추진한 프로젝트로 부진한 실적을 기록했지만, 지난 한 해 사장과 가장 많은 출장에 동행했고 각종 세미나, 컨퍼런스, 강연, 교육 등의 기회를 독보적으로 누렸다.

한편 N과장은 사장의 전폭적인 지원 없이 프로젝트를 추진하면서 갖은 고생을 했다. 전반적인 회사의 실적 부진 상황에서 N과장은 최선을 다해 어느 정도 실적을 냈지만, Y과장만큼 사장에게 인정받지는 못했다.

실적은 나빴지만 고가는 후하게, 왜?

'실적이 더 높은 사람에게 더 높은 인사고과 점수를 준다.' 사장도 이성적으로는 맞다고 생각하는 내용이다. 냉정하게 실적만 평가한다면 Y과장이 더 낮은 점수를 받는 게 당연하다. 그러나 사장의 감정이 먼저 동하면서 Y과장과 N과장은 같은 점수를 받았다. 성과는 부진했으나 충실했고, 시키는 일은 열심히 했던 친구 같은 Y과장의 사기가 떨어지거나, '예스맨'을 잃을까 봐 두려웠기 때문이다.

다시 처음의 질문으로 돌아가 보자. 회사가 급격한 매출 감소 등으로 심각한 위기 상황이라면? 사장에게 필요한 사람은 언제나 내 편인 Y과장일까, 가끔은 'No'를 외치는 N과장일까? 아마 대다수는 N과장이라고 생각할 것이다. 외로운 리더에게는 예스맨이 필요한데, N과장이 필요한 이유는 무엇일까?

회사는 감정적인 위로보다 효율성, 합리성, 수치와 근거에 의한 이성적 판단이 필요한 곳이다. 따라서 조직을 이끄는 리더에겐 위안이 되는 직원보다 회사의 매출 성장에 더 기여하는 직원이 필요하다. 사장이 시키는 일은 무조건 하는 Y과장보다 사장의 결정이 회사에 도움이 되지 않는다고 판단할 경우, 수치·분석·리서치 등을 근거로 합리적인 반대 의견을 내고, 대안을 제시하는 N과장이 더 도움이 된다.

회사가 위기 상황에 부닥쳤을 때 누가 더 능동적이고 적극적으로 대처할지 예상할 수 있다. Y과장은 회사의 주인을 사장으로 생각하고, N과장은 자신과 사장을 포함한 직원 모두라고 생각한다. 판이하게 다른 둘의 마인드는 회사가 위기 상황에 처했을 때 대응하는 방법을 다르게 만든다. Y과장은 회사의 위기를 '사장님의 위기'로 여기고, N과장은 '우리 모두의 위기'로 여길 것이다. 회사가 어려움에 부닥쳤을 때, 이를 극복하기 위해 더 적극적이고 능동적으로 대처할 직원이 누구일지 어렵지 않게 짐작할 수 있다.

사장의 시야를 넓히고, 성장시키는 직원은 가끔 'No'를 외치는 N과장이다. 사장 주위에 '예스맨'만 가득하다면, 회사의 시야는 곧 사장 한 사람이 보는 것으로 한정된다. 조직을 이끄는 리더는 숲을 보는 사람이며, 나무에 관해서는 '나무를 보는' 중간관리자, 실무진의 시야가 때로 더 정확하거나 깊을 수 있다. 설령 어느 직원의 분석과 판단이 사장 입장에서 옳지 않다고 보이더라도 '직원의 의견이 어떤 근거로 틀렸는지', '직원은 왜 이런 분석과 판단을 내렸는지' 생각하는 것만으로도 사장의 역량은 강화될 수 있다.

리더는 책임이 따르는 자리다. 매 순간 조직 전체의 방향성을 좌우하거나 프로젝트의 성공, 매출과 이익에 직결되는 결정을 내려야 한다. 이 과정에서 리더도 사람인지라 직원과의 관계에서 오는 외로움, 사장이라는 자리 자체가 주는 중압감과 고독감을 느낄 수 있다. 그러나 리더의 모든 결정은 개인적이거나 감정적이어선 안된다. 본인의 역할, 업무, 리더십에 초점을 맞추고, 내가 아닌 '회사 성장에 도움이 되는가?', 나를 위한 직원이 아닌 '회사에 기여하는 직원인가?'를 이성적이고 냉철하게 판단해야 한다.

마지막으로 리더는 여러 사람을 이끄는 자리다. 혼자 있기 때문에 외롭다고 느낄 수 있다. 하지만 주위를 둘러보면 사장의 결정을 믿고 묵묵히 따라와주는 직원들이 있다. 알고 보면 참 고마운 '친구'다. 이 중에는 'No'라고 외치거나, '사장님의 판단은 옳지 않다'라고 이야기하는 직원도 있다. '진짜 친구는 쓴소리를 아끼지 않는다'라는 말이 있는데, 진정한 리더 곁엔 예스맨보다 쓴소리를 아끼지 않는 '진짜 친구' 같은 직원이 모이는 법이다.

자기PR vs
보여주기식 일하는 직원

자기 PR 시대가 된 지 오래다. '사회생활의 시작은 자기 PR부터'라는 말이 있다. 취업할 때, 입사해 업무에 적응하며 직원들과 관계를 쌓을 때, 대외적으로 파트너사들과 협업할 때, 승진할 때, 모두 자기 PR이 필수적이다. 요즘은 자기 PR도 업무 역량의 한 부분으로 인정받는다. 점점 겸손이 미덕이 아니라, 자신의 성과나 성취를 잘 드러내는 능력이 필요하다고 느끼는 것이다. 본인이 회사의 성장에 기여하고, 괄목할 만한 성과를 보였다면, 자신 있게 어필하는 것도 중요한 능력이다.

그런데 때론 자기 PR이 '보여주기'와 혼동되면서 부정적인 뉘앙스를 풍기기도 한다. 조직 문화에 따라 차이는 있겠지만, '자기 PR을 잘한다'라는 말이 칭찬인지 지적인지 모호할 때가 있기도 하다. 그러나 자기 PR은 '보여주기식 업무'와는 전혀 다르다. 오히려 자기 PR을 잘하는 직원은 회사의 경쟁력이 된다.

우리 회사에는 자기 PR을 잘하는 직원이 많을까? 아니면 '보여주기식 업무'를 잘하는 직원이 많을까? 이를 사장의 입장에서 현명하게 분간하는 방법은 없을까?

P사의 월간 회의가 있는 날이다. P사에서는 두 개의 사업팀에서 비슷한 프로젝트가 진행되고 있다. 두 개의 사업팀장들은 서로 경쟁하면서 열심히 보고했다.

"오 팀장, 정리를 굉장히 잘했네. 수고했어."

오늘도 오 팀장은 여느 때와 같이 화려한 슬라이드쇼를 보이면서 발표를 마쳤고, 사장은 오 팀장을 칭찬했다. 오 팀장의 팀원들은 월간 회의가 있기 며칠 전부터 야근을 하면서 보고 자료를 준비했다. 사실 내용으로 보면 한두 페이지로 요약할 수 있지만, 디자인, 폰트, 컬러까지 고심하며 더 풍성하고 더 멋진 자료를 만들기 위해 애썼다.

"사장님, 지난달에 저희 팀의 가장 중요한 업무는 신학기 프로모션이었습니다. 김 과장의 새로운 기획안과 팀원들의 신속한 실행으로 트래픽이 전년 대비 20% 증가했습니다. 자료의 내용과 같이 프로모션에 대한 고객 피드백은 경쟁사보다 더 좋은 반응이었습니다. 그러나 트래픽 증가에 따른 제반 준비가 다소 부족했기에, CS 부분은 잘 챙기지 못했습니다. 고객 컴플레인 수가 전월 대비 10% 증가했습니다. 다음은 개선해야 할 사항들입니다."

정 팀장은 우선순위에 있는 중요 업무, 주요 성과, 기여한 팀원, 그리고 부족했거나 개선해야 할 사항들을 차례로 발표했다.

"오 팀장, 자네 팀의 CS 지표는 어떤가?"

"네. 저희도 좋지 않은 것 같습니다. CS 부문은 박 대리가 담당이라서요. 박 대리에게 원인 파악을 시킨 후에 사장님께 다시 보고드리겠습니다."

긴장감 넘치는 회의가 끝나고, 오 팀장은 정 팀장을 따로 만났다. CS 성과지표가 양 팀 모두 안 좋은데, 굳이 그 부분을 언급해야 했는지, 그래서 사장한테 자신까지도 지적을 받게 해야 했는지 따졌다. 더욱이, 오 팀장은 사장 보고자료를 준비하느라 많은 노력과 시간을 쓰는 반면, 정 팀장은 매번 보고자료 준비에 큰 에너지를 들이지 않는 것이 속상하기도 했다.

사내에서 경쟁하고 있는 두 팀의 분위기는 사뭇 달랐다. 정 팀장의 팀은 회의할 때 모든 직원이 자신이 한 업무, 달성한 목표, 성취한 것에 대해 당당하게 이야기하는 편이다. 팀장을 포함한 팀원들 모두 하는 일에 대해 회사에서 알아주길 기대하기보다는, 먼저 본인 업무에 대해 자기 PR을 해야 한다고 생각한다.

정 팀장은 팀원이 실수한 부분을 비난하거나 지적하기보다 팀 내에서 공유하고 문제 해결방안을 찾는 것이 더 중요하다고 강조하기에 팀원들도 실수한 부분을 감추지 않고 솔직하게 이야기한다. 실수도 더 큰 성과를 낼 수 있는 학습과 경험이 될 수 있다며 격려하는 정 팀장은 실행력과 팀워크를 가장 중요하게 여긴다. 정 팀장은 평소 탄탄한 팀워크를 기반으로 신속한 실행을 통해 최대 성과를 내는 팀이라며 팀 PR을 한다.

오 팀장 팀은 회의에서 주로 오 팀장이 말하고, 다른 직원들은 듣는 분위기다. 대다수 팀원은 자기 목소리를 낼 기회가 드물어, 회의에서도 자기 의견을 제시하기 어려워한다. 평소 오 팀장은 팀원들에게 받는 보고의 내용보다는 보고서 자체를 더 중요하게 여긴다. 보고서가 팀장에 대한 성의 표시이며, 업무에 대한 열정이라고 생각한다. 오 팀장은 눈에 잘 보이는 업무를 중요시여기며, 잘 드러나지 않는 업무에는 관심이 낮다 보니, 팀원들도 잘 드러나지 않는 업무나 잡무를 기피한다. 팀장에게 인정받기 위해 팀원들도 '보여주기식 업무'에 치중하는 분위기이다 보니 팀 내에서 업무 배치나 조정 때마다 갈등을 겪는다.

앞으로 P사에서는 어떤 팀이 더 좋은 성과를 내고 성장할까? 아마 모두가 정 팀장이 이끄는 팀이라고 예상할 것이다. P사의 사례처럼, 자기 PR을 잘하는 직원은 성과와 효율성에 집중하며 실행력과 팀워크를 발휘하는 반면, 보여주기식 업무를 잘하는 직원은 팀워크를 저해하고 이기적인 조직 문화를 조장한다.

따라서 사장이라면 우리 직원이 '보여주기식 업무'를 잘하는 직원인지, 자기 PR을 잘하는 직원인지 구분하는 혜안이 필요하다. 그러나 조직 전체를 관리하는 리더가 직원 개개인의 업무 성향을 세심하게 들여다보기는 현실적으로 어려울 수 있다. 그렇다면 다음의 몇 가지 기준이 도움이 되지 않을까?

실수를 감추는 직원 VS 오픈하는 직원

'보여주기식 업무'에서는 실수나 미흡한 점이 잘 드러나지 않는 반면, 자기 PR을 잘하는 직원은 실수를 솔직하게 오픈하고 문제 해결에 집중한다. 자기 PR에서는 상대방에게 믿음을 주는 것이 매우 중요하기 때문이다. 따라서 실수를 감추거나, 다른 직원 또는 외부 요인을 늘 탓하는 직원이 있다면 자기 PR보다 '보여주기식 업무'를 잘하는 직원에 가깝다고 할 수 있다.

효율성에 집중 VS 보고 위한 보고

대부분의 업무 시간을 '보고를 위한 보고'에 사용하는 직원이 있다. 문제는 보여주기식 업무를 하는 직원의 실제 업무 역량이 드러나는 것보다 더 낮은 수준이라는 데 있다. 업무에 깊숙하게 들어가면 잘 모르거나, 심도 있는 고민을 하지 않고 업무 처리를 하는 경우가 많다. 만약 '보여주기식 업무'만 하는 직원이 관리자가 된다면, 팀 전체의 업무 역량이 하락할 수 있다.

말뿐인 직원 VS 행동파 직원

'보여주기식 업무'에서는 화려하게 포장하는 기술이 필수다. 목표 수치와 성과를 과대포장하고, 50만큼의 성취를 100처럼 강조하는 일이 다반사다. 따라서 목표 달성률은 매우 낮고, 실행력이나 추진력은 현저하게 떨어진다. 반면, 자기 PR에서는 본인이 어떤 성취를 했고, 회사에 어띤 이익을 가져왔는지 적극적으로 이야기하는 것이 중요하다. 따라서 말한 것을 실행하고, 책임감 있게 달성하려고 노력한다. 자기 PR을 잘하는 직원은 신뢰감이 떨어져 본인 주장에 힘이 실리지 않는 상황을 두려워하고, 경계하기 때문이다.

자기 PR을 잘하는 직원은 회사의 경쟁력을 높인다. 본인의 브랜드 가치를 높이는 데 익숙한 직원이 대외적으로도 회사의 브랜드 가치를 높일 줄 안다. 또한 같은 시간과 에너지로 '보여주기식 업무'보다 효율성과 성과에 집중하고, 실수를 감추기보다 오픈해서 해결방안을 모색한다. 평소 업무할 때에는 말하는 것에 그치지 않고 실행에 옮기며, 맡은 일과 성취한 내용을 자기 PR에 적극적으로 활용한다.

따지고 보면, 자기 PR을 하는 직원이 '보여주기식 업무'를 하는 직원보다 영리하게 일하는 셈이다. 게다가 회사에는 경쟁력이 되고, 안정적인 팀워크와 건강한 조직 문화까지 조성하니 회사 입장에서는 자기 PR을 잘하는 직원이 많을수록 득이 된다. 과연 우리 회사에는 자기 PR을 잘하는 직원들이 많은지, 보여주기식 업무를 잘하는 직원들이 많은지 한번 생각해보면 어떨까?

일 끝내주게
잘하는 직원

P사장에게는 믿음직한 직원이 있다. 바로 직원 10명 몫을 해내는 백 과장이다. 백 과장은 매년 사내에서 최고의 성과를 내며, 어떤 어려운 일을 맡아도 끝까지 노력해 완수해내는 열정적이고 유능한 직원이다. 그런데 지난 1년간 백 과장이 맡은 TF팀의 직원 평가서에는 의외의 내용이 많았다. 함께 일한 팀원들은 백 과장에 대해 '보고 배울 점은 많으나 완벽주의자 기질이 심함', '성과가 본인의 수준에 못 미친다고 판단되면 팀원을 무시하는 경향이 있음', '본인이 받는 압박이 팀원들에게 전해짐' 등의 피드백을 받은 것이다. 더욱이 최근에 백 과장이 맡은 TF팀에 퇴사자가 부쩍 많이 생겼다.

P사장은 백과장과 티타임을 가지며, 백 과장이 보여준 TF팀 리더쉽과 팀워크에 대한 충고를 했다.
"사장님, 저는 업무에 최선을 다하고 있습니다. 현재는 납품 기한을 맞추는 게 가장 시급합니다. 직원들 개개인의 감정이나 생각을 일일이 챙길 만큼 지금 상황이 녹록지 않습니다. 팀워크 이슈는 이번 일이 어느 정도 마무리된 후에 좀 더 신경 쓰도록 하겠습니다."

P사장은 백 과장의 예민한 반응에 적잖이 놀랐다. 직원들의 이탈 사안이 중요해서 조언한 것인데, 백 과장의 어조가 상당히 공격적이었던 것이다. 백 과장 역시 P사장에게 서운함을 느꼈다. 회사 일이라면 마다치 않고 늘 먼저 자원했을 뿐만 아니라, 항상 기대 이상의 성과를 내고 있으며, 다른 회사에서 스카우트 제의가 와도 모두 거절한 자신에게 P사장의 충고는 큰 상처가 되었다.

TF프로젝트가 끝나고, 뜻밖의 장기휴가를 낸 백 과장을 보며 P사장은 불안했다. 본인의 충고 때문에 백 과장이 이직을 준비하거나 장기휴가 후 돌아왔을 때 전처럼 업무에 열정적으로 임하지 않을까 봐 걱정되었기 때문이다. 그러는 사이, TF 팀원들 대다수가 팀 이동을 희망하고 있었다. 설상가상 TF팀 업무 강도가 워낙 높다고 소문이 난 것과 백 과장의 업무 스타일에 대한 이야기 때문에 TF팀에 지원하는 직원은 아무도 없었다.

놓치거나, 잃거나

사실 백 과장 같은 직원은 사장 입장에서 놓치기 아까운 인재다. 업무에 대한 집중력과 책임감이 강하며, 항상 100% 이상의 성과를 내고, 조직 성장에 많은 기여를 하기 때문이다. 특히 성장하는 회사일수록 능동적이고 도전적으로 일하는 직원은 꼭 필요하다.

그러나 완벽함을 추구하는 워커홀릭 직원에게 보편적으로 나타나는 약점이 있다. 바로 일과 성과에 집중하느라 팀원·동료·상사 등의 주위 사람에 대한 배려가 부족하거나, 완벽하게 처리한 자신의 업무에 대한 비판이 들어오면 예민하게 방어하는 경향이 있는 것이다.

만약 이런 유형의 직원이 팀워크를 중요시하는 리더십을 배우지 않고 조직의 리더로 성장한다면, 조직 내의 갈등이 지속될 우려가 있고, 직원들 사이에서는 퇴사가 발생할 수 있을 것이다. 회사 입장에서는 성과를 내는 역량 있는 직원을 잃거나, 또 다른 인력 손실의 위험이 있는 셈이다.

백 과장 같은 유능한 직원을 놓치지 않으려면, 혹은 백 과장 때문에 다른 직원들을 잃지 않으려면 P사장은 어떤 리더십을 발휘해야 할까?

완벽한 직원을 더 완벽하게 만드는 리더십

P사장의 사례는 조직의 리더라면 한 번쯤 고민해본 적이 있을 것이다. 리더가 놓칠 수 없는 직원, 유능한 직원에게 '이 직원은 이런 단점만 고치면 완벽한데…'라는 아쉬움과 욕심을 갖게 되는 것이다. 일도 잘하는데, 단점까지 고쳐나가는 훌륭한 직원은 리더의 노력 없이 만들어지지 않는다. 완벽한 직원을 더 완벽하게 만드는 리더십, P사장에게는 백 과장과 같은 직원을 관리하는 특별한 리더십이 필요하다.

업무적으로는 적극적 위임, 직원 간 업무의 명확한 구분 및 역할 분담으로 동기 부여를 할 줄 아는 리더십이 필요하다. 백 과장처럼 책임감 강한 직원은 '리더가 직원인 당신을 믿고 적극적으로 업무를 맡긴다'라는 것을 인지할 때, 기대 이상의 결과를 만들기 위해 최선을 다한다. 결과물을 본 후 정서적인 지지도 필요하다. 좋은 성과를 냈을 때 그의 공적, 업무 능력, 열정에 대해 아낌없이 칭찬하고 인정하면 백 과장은 다음 업무에도 최고의 역량을 발휘하기 위해 노력한다.

기대 이하의 결과를 만들었을 때는 질책보다 다독임이 더 효과적이다. 좋은 성과를 내지 못했다는 것에 대해 이미 본인 스스로 큰 실망감과 자책감을 가질 수 있기 때문이다. 오히려 리더는 "백 과장이라면, 분명 다음 프로젝트에서 좋은 결과를 낼 수 있을 거라 믿는다"라는 신뢰를 보내며 번아웃 되지 않도록 다독이는 포용력 있는 리더십이 직원의 업무 역량 발휘에 훨씬 도움이 된다.

장기적으로 일 잘하는 완벽한 직원이 개인 성과뿐만 아니라 팀 성과까지 이끌어내는 리더로 성장하도록 피드백을 주고받는 법, 동료나 팀원과 협업하고 팀 성과를 내는 법 등의 리더십 교육도 중요하다.
매사에 좋은 결과를 만드는 직원일수록 부정적인 피드백을 받아본 경험이 적다. 그래서 완벽하게 일한다고 인정받던 직원이 비판받을 경우, 감정적이거나 공격적으로 반응할 수 있다. 이는 다른 직원들과의 관계, 팀워크에 상당히 부정적인 영향을 끼친다. 따라서 직원들이 상호 다양한 피드백을 주고받는 데 익숙한 경험을 쌓게 하는 것은 직원의 리더십을 기르는 데 많은 도움이 된다.

또한 개인의 성과뿐만 아니라 팀 성과의 중요성을 알게 하는 경험도 필요하다. 즉, 리더가 명확한 역할 분담을 통해 완벽한 직원의 탁월한 업무 역량이 팀 성과에 '기여'할 수 있는 구조를 만드는 것이다. 종종 한 팀에서 일 잘하는 팀원에게만 일이 몰리거나 소수의 직원이 팀 전체의 성과를 이끄는 경우가 있다. 리더가 팀원 간 역할과 책임을 구분해주지 않는다면 직원 개인의 역량이 고루 발전할 기회도, 백 과장 같은 직원이 '팀 성과의 중요성'을 알 기회도 갖지 못하기 때문이다.

한 조직이 책임감과 열정, 업무 역량까지 겸비한 인재를 품고 있다는 것은 큰 행운이다. 여기에 완벽한 직원을 더욱 완벽하게 만드는 리더십까지 더해진다면 모든 리더의 고민인 조직 성장은 당연하지 않을까?

속을 알 수 없는 크렘린 같은 직원

'도대체 무슨 생각을 하고 있을까?'

속을 알 수 없고 비밀이 많아 보이는 사람을 러시아의 '철의 장막'이라 불리는 크렘린궁에 빗대어 흔히 크렘린 같다고 표현한다. 내가 일하는 부서에 생각이나 의사를 잘 표현하지 않는 크렘린 같은 직원과 함께 일해야 한다면 어떤 리더십을 발휘해야 할까?

수평 문화를 강조하는 스타트업의 K대표는 빠른 의사 결정과 실행을 가장 중요하게 여긴다. K대표는 새로운 서비스를 신속하게 출시하고 싶었다. 그런데 기획회의 후 2주가 지나도 기획안이 나오지 않자, K대표는 담당자인 이묵언 직원을 불러 진행 상황을 점검했다. 이묵언 직원은 평소 의사 표현을 잘 안 하지만, 업무는 비교적 꼼꼼하게 처리하는 편이다.

"묵언님, 아주 자세하게 정리했네요."

K대표는 칭찬을 하면서 회의를 시작했다.

"그런데 기획안 정리하는데 2주씩이나 걸리진 않잖아요?"

K대표는 자신이 요청해야, 그제야 기획안을 보여주는 이묵언 직원에게 일침을 가했다.

"그렇죠. 근데…."

이묵언 직원은 말을 흐리면서 작은 목소리로 무슨 말을 할 것 같았지만, K대표는 늘 이런 식인 이묵언 직원의 반응에 빠르게 포기하며 바로 기획안 내용으로 넘어갔다.

"묵언님, 기획안에는 지난번 회의에서 나온 내용 중 일부가 빠졌네요?"

"네."

"누락시킨 이유가 있나요?"

"저, 그게…. "

K대표는 속사포로 다시 질문했다.

"1번, 실수로 누락되었다. 2번, 일부로 삭제했다. 몇 번인가요?"

"1번은 아니지만. 조금 더 고민하겠습니다."

K대표는 뜸을 들이며 두리뭉실하게 넘어가는 이묵언 직원과 대화할 때마다 피로감을 느꼈다. 평소 업무를 혼자 안고 있다가 요청을 해야만 공유하는 이묵언 직원과 소통하기 위해 K대표가 먼저 회의 요청을 하거나, 객관식 질문을 동원해 소통하고자 노력하고 있다. 그럼에도 불구하고, K대표는 이묵언 직원에 대해 '도대체 저 사람은 무슨 생각을 하고 있는지'라며 답답했다. 빠르게 의사 결정을 하고 싶은 K대표는 이묵언 직원의 의견을 묻지 않고 넘어가거나 일방적인 지시를 하는 경우가 잦아졌다.

자기 의사를 명확하게 표현하지 않는 이묵언 직원과 기민하게 협업해야 하는 다른 직원들도 함께 일하는 것을 어려워하는 것은 마찬가지다. 그런데 어쩌다 이묵언 직원이 자신의 의견을 내거나 주장을 하면 '아니, 저런 생각을 하고 있었어?', '참 속을 알 수 없는 사람이네' 하며 당황해한다. 이묵언 직원과 함께 일하기 위해 K대표는 어떻게 해야 할까?

조직을 망치는 맞불 대응

자신의 의견을 내지 않고, 업무 진행 상황을 공유하지 않는 직원은 리더를 지치게 한다. 결국 리더는 더 이상 의견을 묻지 않거나 무시하게 된다. 더욱이, 그런 직원이 하는 실수나 부진한 결과에 대해 더 실망하게 되며, 그 직원에 대해 더 부정적 평가를 하게 된다. 리더의 이런 부정적인 마음이 폭발해 화를 내면, 직원은 점점 더 주눅 들고 자신감을 잃게 되는 악순환이 될 수밖에 없다. 결국 리더는 직원을 업무에서 배제하게 되고, 해당 직원은 자신이 소외되었다고 느끼게 된다.

역으로 이런 직원을 관리하기 위해 사사건건 불러서 세세히 묻고 점검할 경우, 직원은 지나친 통제와 간섭을 받는다고 생각할 것이며, 리더 입장에서도 관리의 효율성이 떨어질 수밖에 없다. 이러한 상황은 조직의 팀워크에 영향을 미치며 협업 체계에 균열을 조장한다. 성장하는 조직에서 훌륭한 팀워크는 필수적이며, 팀워크의 기본은 '신뢰'다. K사의 사례처럼 대표가 명확한 의견을 내지 않는 직원을 무시한다면, 함께 일하는 다른 직원도 서로 존중하며 일하는 것을 기대하기 어렵다. 또한, 리더의 객관식 질문 역시 임시방편에 불과하다.

결국 바람보다 햇빛

어떤 생각을 하고 있는지, 맡은 업무는 잘하고 있는지 베일에 싸여 일하는 직원에게 어떤 리더십이 필요할까? 먼저, 업무적으로 명확한 가이드라인과 기대사항을 제시하는 것이다. 이를테면, '기획안을 준비해주세요' 대신 '기획안에는 성과 목표, 추진 전략, 세부 실행계획이 구체적으로 명시되어야 합니다'로 해야 한다. 이에 더해 직원 스스로 실행계획을 세우고 주도적으로 일할 수 있게 한다. 예를 들면, '이 수준의 기획안이 완성되려면 얼마나 걸릴까요?', '기획 회의에서 어떤 의사 결정이 필요한가요?', '다음 기획 회의는 언제 가능한가요?', '다음 주 수요일 2시에 기획안을 검토할 수 있을까요?' 등 직원 스스로 책무에 대해 약속하며 상호 일정에 합의한다면, 리더는 직원의 필수적 업무 역량을 기를 수 있는 기본적인 틀을 마련해주게 된다.

또한, 개인의 성향을 존중해주고, 성향에 맞는 소통 방법을 지원하는 것이다. 소통의 달인처럼 자기 생각을 매끄럽게 잘 표현하는 강점이 있는 사람이 있는 반면, 반대로 자신의 의사 표현에 익숙하지 않거나 어려워하는 사람도 있다. 직원의 강점을 부각하고 약점을 지원해주는 것이야말로 리더의 역할이다. 예컨대, 말하는 것을 어려워하는 직원과 SNS, 메신저, 이메일 등을 활용해 의견을 나누는 방법도 있다. 여러 명이 참여하는 회의에 앞서 자신의 의견을 준비할 수 있도록 시간적 여유를 주며, 사

전 점검을 통해 자신감을 갖도록 도와줄 수도 있다. 또한 커뮤니케이션 능력을 키우기 위한 교육을 지원해주는 것도 방법일 수 있다.

끝으로 직원이 의사 표현을 할 수 있도록 편안한 환경을 조성하는 것이다. 흔히 의사 표현을 잘 하지 않거나 자기주장을 강하게 하지 않는 직원의 경우 가장 편안하거나 혹은 절박할 때 목소리를 낸다. 리더 입장에서 의견을 내지 않는 직원이 답답하다고 해서 몰아붙이며 답변을 요구할 때, 직원은 점점 그 상황을 불편하게 느껴 입을 더욱 굳게 닫아버릴 수도 있다.

따라서 직원이 의견을 낼 수 있도록 편안한 환경을 조성하고 있는지 리더 스스로 점검해볼 필요가 있다. 직원과 대화를 하면서 리더가 직원보다 더 많은 이야기와 조언을 하고 있지는 않은지, 직원이 의사를 표현하는데도 한 귀로 듣고 한 귀로 흘리고 있지는 않은지, 대화 중 직원이 침묵할 때 리더가 다그치지는 않는지 등을 생각해보는 것이다.

리더가 직원에게 주는 정서적 지지는 말하는 용기와 능력을 넘어 창의적 아이디어와 실행으로 연결되어 성과에 영향을 미친다. 이를 위해, 리더가 직원의 말을 들을 준비가 되어 있다는 신호를 주거나, 직원의 침묵을 대화의 연장선으로 여기며 기다려주거나, 직원의 표현을 존중하는 의미로 되묻는 등의 노력은 리더가 직원의 의사 표현을 중요하게 여긴다는 제스처가 될 수 있다.

크렘린 같은 직원은 리더에게 참 어려운 직원이다. 하지만 꽁꽁 싸맨 외투를 벗긴 것은 결국 매서운 바람이 아닌 따뜻한 햇빛이었다는 것은 기억할 만한 교훈이다.

사람 좋은 마당발

"정 과장님, 이번 동호회 모임은 언제인가요?"
"정 과장님, 자동차 수리 저렴하게 잘하는 곳 알려주세요."
"정 과장님, 요즘 남친 때문에 고민이에요, 차 한잔 사주세요."

정 과장은 '사람 좋다'는 소리를 많이 듣는다. 워낙 대인관계 스킬이 좋아 직원들과 잘 어울리며, 팀의 분위기 메이커 역할을 자처한다. 잡다한 지식이 많은 정 과장은 회사의 마당발로 통하며, 상사·팀원을 막론하고 동료들을 편하게 대하며 잘 어울린다. 신입, 후배 직원들이 정 과장을 찾아가면 기꺼이 밥 한 끼, 차 한 잔을 사주며 사회생활 조언과 고민 상담까지 해준다.

그런데 사장은 요즘 정 과장 때문에 고민이 많다. 지난번 고객사 미팅에서 정 과장이 준비한 자료가 너무 부실하고 미흡했는데, 정 과장 특유의 '사람 좋음' 때문에 유야무야(有耶無耶) 넘어간 것이다. 정 과장은 업무에 집중하지 못하고 다른 직원들의 고민 상담을 하느라 탕비실과 카페 등을 왔다 갔다 하며 자리를 자주 비웠다. 얼마 전 정 과장은 사내 동호회를 만들더니 업무시간 내에 동호회 관련된 일만 며칠째 하다가, 정작 본인의 업무 마감일을 넘기는 일이 있었다.

정 과장이 소속된 상품개발팀은 요즘이 가장 바쁜 시기이며, 신상품 개발을 위해 팀의 업무 몰입도가 가장 많이 필요할 때다. 그런데도 정 과장은 업무에 집중하기보다는 다른 직원들과 교류하며 사내 동호회를 운영하는 데 더 열정적인 것처럼 보였다. 사장 역시 정 과장과 소통하는 것은 즐겁고 편하지만, 정 과장이 사내 동호회에 들이는 열정의 절반만이라도 업무에 집중하면 좋겠다는 생각이 들었다.

게다가 정 과장의 팀원들은 함께 일하는 데 고충이 많다. 동호회 일이 업무보다 우선순위고, 다른 직원들과 이야기하느라 더 바쁜 정 과장의 업무를 매번 떠맡고 있기 때문이다. 회사에 일하러 오기보다 사람 만나러 오는 것 같은 정 과장, 사장은 어떻게 해야 할까?

대인관계와 팀워크는 다르다

흔히 원만한 대인관계 능력을 갖춘 사람을 '팀워크가 좋다'라고 표현하는 경우가 많다. 사람이 좋으니 팀워크도 좋을 것이라고 생각하기 때문이다. 앞 사례의 정 과장은 대인관계 스킬이 뛰어나다. 고객 미팅에서 '사람 좋음'이 부실한 자료를 커버할 정도면, 정 과장은 탁월한 대인 관계 능력자다. 그러나 정 과장과 함께 협업해야 하는 동료, 팀원들도 정 과장이 팀워크가 좋다고 생각할까?

다른 직원들은 정 과장처럼 편하고 좋은 사람과 일하기 때문에 팀 내 트러블 없이 팀워크가 좋을 것이라고 여기지만, 사실 같은 팀 직원들은 정 과장과 함께 일하기 힘들다고 평가한다. 정 과장의 뛰어난 대인관계 능력이 업무 외적으로만 사용되어 팀 업무에 소홀하다 보니, 팀 내의 다른 동료에게 업무가 몰리게 되거나 업무 공백이 생겨 협업관계에 부정적 영향을 주기 때문이다. 결국 정 과장의 마당발 대인관계 능력은 팀 내에서는 팀워크를 해치는 요인이 되고 있다.

조직에서 대인관계 능력과 팀워크는 별개일 수 있다. 대인관계는 갈등을 만들지 않거나 해결하는 능력이지만, 팀워크는 업무 성과를 내기 위해 협업이 잘 되는 관계를 의미한다. 회사에서의 대인관계 능력은 팀의 성과를 위해 팀워크에 기여될 때, 그 가치가 있다. 탁월한 대인관계 능력을 갖춘 직원이 회사의 업무에 몰입해 훌륭한 팀워크를 발휘한다면, 분명 높은 업무 성과를 기대할 수 있을 것이다. 그렇다면 리더는 '사람은 좋은데 업무에 몰입하지 않는' 정 과장 같은 직원을 어떻게 업무에 더 집중하게 할 수 있을까?

강점은 살리고 약점은 함께 돕기

먼저 직원에게 가장 적합한 업무를 찾아 그 직원이 업무에 몰입할 수 있는 포지션으로 배치하는 것이다. 예를 들어, 대인관계 능력을 업무에 적용할 수 있는 영업 업무나 직원의 고충을 상담하거나 사내 행사 등을 지원하는 인사·총무 업무 등 대인관계의 장점을 극대화할 수 있는 자리로 재배치한다. 리더의 가장 중요한 역할은 알맞은 인재를 알맞은 일에 배치해 최고의 업무 성과를 내게 하는 것이다. 어찌 보면 리더는 직원의 강점과 역량이 최고로 발휘될 수 있는 일을 매칭시키는 매치메이커이다. 딱 맞는 매칭은 엄청난 에너지를 발산해서 최고의 성과를 낼 것이다.

둘째, 리더는 직원이 업무에 몰입할 수 있도록 적극적으로 소통하고 지원해야 한다. 업무 몰입에 방해가 되는 장애 요인을 찾아 장애를 제거할 수 있는 방법을 실행하도록 돕는다. 또 직원 스스로 업무에 대한 구체적인 단기계획을 세워 자신의 성향에 맞는 실행 방법을 찾게 해주고, 리더가 주기적으로 점검하는 것이다. 직원의 약점과 장애 요인을 리더가 함께 개선하기 위해 노력한다면, 대인관계를 중요시하는 직원은 리더와의 원만한 관계 형성을 위해 업무에 대한 몰입이 중요하다는 것을 더 강하게 느낄 수 있다.

셋째, 팀 내에서의 모습과 팀 밖에서의 모습을 스스로 돌아보면서 대인관계의 모순된 모습을 인지할 수 있도록 소통할 필요도 있다. 다른 직원들과 아무리 좋은 관계를 형성하고 있더라도, 업무에 성실하지 않아 동료에게 피해를 주는 것은 팀워크에 부정적인 영향을 끼친다는 것을 알려주는 것이다.

정 과장같이 섬세한 소통 능력으로 먼저 다가가 고민 상담을 마다하지 않는 직원에게는 리더의 격려도 필요하다. 다른 직원을 세심하게 챙기고, 사내 동호회를 만들어서 이끄는 열정은 직원들의 동기 부여에 도움이 되고, 활발한 조직 문화를 만드는 데 기여하기 때문이다.

사람은 참 좋은데, 관계는 정말 원만한데, 업무 몰입이 떨어지거나 역량이 부족한 직원의 진짜 강점이 무엇인지 파악하고, 약점을 어떻게 도울 수 있을지 고민해본다면 리더로서 해야 할 일에 대한 답을 얻을 수 있지 않을까?

리더를 힘들게 하는
투덜이 직원

"경쟁사에는 작년부터 생일 휴가가 생겼다고 합니다. 왜 저희는 생일 휴가 같은 복지가 없나요?"

"저희도 출퇴근 시간을 직원마다 유연하게 했으면 좋겠습니다. 9시부터 6시까지 모든 직원이 똑같이 근무하는 건 요즘 신입 직원들이 선호하는 기업 문화는 아닌 것 같습니다."

자타공인 '투덜이', 부 과장은 경력직으로 입사 후 업무에 적응한 직후부터 장소를 가리지 않고 불만을 제기했다. 처음에는 '건의' 정도로 여겨졌지만, 점차 그는 '해결책 없는 불만'을 이야기하기 시작했고, 이제는 자신의 불만을 마치 직원 전체의 불만처럼 표현하기 시작했다.

"부 과장, 또 불만입니까? 나중에 이야기하시죠."

사장은 부 과장 이야기를 한 귀로 듣고 한 귀로 흘려버렸다. 처음에는 직원의 불만을 풀어보자는 의지로 응대했으나, 불만거리는 자꾸만 늘어갔다. 점차 부 과장의 이야기에 귀를 막고, 입도 닫게 되었다.

얼마 후, 부 과장이 퇴사했다. 직원들은 항상 부정적인 에너지가 가득했던 그의 퇴사가 예정된 일이라 놀랍지 않았지만, 앞장서서 불만을 이야기하던 직원이었기에 아쉽다는 의견도 있었다.

몇 개월 후 사장은, 회사가 찬물 끼얹은 듯 조용하고, '으쌰으쌰' 하는 분위기가 없다는 생각이 들어, 외부 컨설턴트를 통해 조직 문화를 점검했다. 컨설팅 결과, 직원들이 바라는 1순위는 '직원 복지'로 나왔다. 추가 의견으로는, 유연근무제, 생일 휴가 같은 복지 제도를 희망하며, 대다수 직원들은 건의 사항이 있어도 말하지 않겠다고 응답했다. 주된 이유는 해결될 가능성이 없다고 생각하기 때문이다.

부 과장은 떠났지만, 직원들의 불만은 여전히 남아 있었다

오랜 사회 경험과 경력, 자기 분야의 전문성을 갖춘 리더에게는 '짬바'('짬에서 나오는 바이브'라는 신조어)'가 있다. 특히 리더의 '짬바'가 가장 빛을 발하는 순간 중 하나는 위기가 닥쳤을 때 직원들은 예상하지 못한 해결방안을 찾거나, 조직과 성과를 위해 더 나은 대안이나 방향성을 제시할 때다. '짬바'가 있는 리더는 항상 '비판에는 대안을', '불만에는 해결책'을 제시한다.

직원들의 막연하거나 주관적인 불만, 또는 불만을 서투르게 표현하는 방법이 반복되면 리더는 피로감을 느낀다. 게다가 직원과 대표가 상대적으로 가깝게 일할 기회가 많은 스타트업을 제외하고, 대부분 직원의 불만은 여러 단계를 거치고 여과되어 대표에게 전달되기 때문에 불만의 내용을 정확하게 파악하기조차 어려운 경우도 많다. 현실적으로 대표가 직원 누구에게나 있는 다양한 불만을 신속하게, 정확하게 해결해주는 것은 참 어려운 일이다.

그럼에도 불구하고 리더가 불만을 묵혔을 때, 작은 불씨가 산불이 될 가능성이 있다. 충분히 해결할 수 있었던 사소한 불만이나 직원 대부분이 공통으로 가진 불만을 그냥 지나칠 때, 조직 전체에 부정적인 영향을 끼치는 결과를 초래할 수 있기 때문이다. 이를테면, 업무 분위기가 항상 침체되어 있거나, 비슷한 사유로 직원들의 이탈이 반복되기도 한다. 장기적으로는 팀워크를 발휘해 성과를 내고, 조직이 성장하고, 건강한 조직 문화를 만들기 어렵다.

앞의 사례처럼 불만 많은 직원이 회사를 떠나도, 불만은 여전히 남는다. 조직을 운영하는 리더가 늘 직원들의 불만에 관심을 기울여야 하는 이유다. 직원들이 회사에 대해 비슷한 불만을 가지고 있는 경우, 조직 차원의 해결책 검토와 고민이 필요하다. 또 개개인마다 다른 불만이 산재해 있을 경우, 먼저 직원의 팀, 동료, 혹은 인사담당자가 해결해줄 수 있는 정도의 불만인지 생각해볼 필요가 있다.

그렇다면 리더가 불만 많은 직원과 일할 때, 혹은 직원들의 불만을 듣게 되었을 때 구체적으로 어떻게 대응하면 좋을까?

불만에 대한 통찰력 기르기

먼저 불만에 대한 '진짜 원인'을 파악하는 작업이 필요하다. 정확한 원인을 파악할수록 해결 시간이 단축되고, 직원들의 불만을 제대로 해소해 줄 수 있다. 물론 조직의 규모가 클수록 직원들이 가진 불만의 '진짜 이유'를 확인하기 어려울 수 있으나, 효과 없는 해결책을 마련하는 데 너무 많은 에너지, 시간, 비용을 소모하며, 정작 불만은 해소되지 않은 안타까운 결과를 초래하지 않기 위해서는 '직원이 불만을 가진 진짜 원인'을 파악하는 것이 우선이다.

해결해줄 수 있는 불만인지 관심 주기

충분히 해결할 수 있는 불만을 리더가 알고 묵과하는 것은 직원들에게 큰 실망감을 주고 업무 의욕을 떨어뜨린다. 특히 개인의 불만이 아닌 대다수 직원들이 공통으로 가진 불만을 리더가 모를 경우, 보통 직원들은 이를 리더에게 알릴 방법을 고민한다. 그러나 만약 리더가 알고도 해결을 위해 노력하지 않는다면, 또 다른 불만, 즉 '회사가 직원의 불만을 알고도 해결 의지가 없다'라는 불만을 추가로 갖도록 만든다.

따라서 리더가 직원들의 불만을 알고 있으며, 해결 방법을 고민하고 있다는 소통을 하는 것이 정말 중요하다. 해결에 오랜 시간이 걸리고, 직원들에게 반복적으로 생기는 불만일수록 해결 과정을 계속 공유하고, 새로 직원들이 입사할 때마다 조직 내에서 이런 이슈가 있고, 보완하는 중이라는 점을 처음부터 솔직하게 소통하는 것도 좋은 방법이다.

해결 가능성 0%, 답답함에서 나오는 불만은 듣기

때론 대표가 현실적으로 해결해줄 수 없는 불만이 나오기도 한다. 직원들도 이미 회사 차원에서 풀어줄 수 없는 불만이라는 것을 알고 있지만, 답답하기 때문에 동료, 사수, 인사담당자, 그리고 대표에게 불만을 토로하는 경우도 종종 있다. 해결방안이 없다고 해서 직원들이 가진 불만을 그냥 지나치거나, 못 들은 척 대응하는 것은 상황을 악화시킬 수 있다. 리더가 잘 들어주는 것, 해결될 수 없는 이유를 명확히 밝히는 것, 같이 고민하고 있다는 느낌을 주는 것만으로도 불만을 가진 직원에게는 큰 도움을 줄 수 있다.

불만을 접수할 수 있는 외부 전문가와 협업하기

장기적으로 직원의 불만이 업무 분위기, 조직 성과에까지 부정적인 영향을 끼치지 않도록 주의해야 할 점은 '불만을 발견하는 작업'이다. 특히 불만을 드러낼 경우 회사 생활이나 업무에 지장이 있을 것 같다고 우려하는 직원들은 불만이 있지만 표현하지 않는다. 리더도 모른 채 불만이 쌓일 수 있는 환경이다.

이 경우, 직원들이 불만을 접수할 수 있고, 객관적으로 불만의 진짜 원인 파악이 가능한 전문가, 즉 외부 '코치'나 '컨설턴트'와 협업해 불만을 드러낼 수 있는 창구를 만드는 것도 도움이 된다. 빠르게 해결할 수 있었던 작은 불만이 표출되지 않아서 해결의 타이밍을 놓치거나, 직원들의 불만을 대표가 알 수 있는 기회나 방법이 전혀 없을 때, 활용할 수 있는 방법이다.

  직원들이 불만을 가졌을 때는, 최종 의사 결정권자이자 자신보다 '짬바'가 있는 대표가 그 불만을 해결해줄 수 있을 거라는 막연한 기대를 한다. 중요한 건, 불만이 해소될 가능성보다 리더가 직원의 불만을 듣고 있으며, 같이 고민하고 해결책을 모색하고 있다는 노력을 보여주는 게 아닐까?

일은 만점, 동료와는 빵점인 직원

"그만두려고 하는 진짜 이유가 뭔가요?"

"사장님, 이 대리와 일하기 너무 힘듭니다. 그동안 이 대리와 일하기 불편하다고 여러 번 말씀드렸고, 상황이 나아지지 않아서 더 이상 일하기 어렵습니다."

이 대리와 일하기 힘들어서 회사를 그만두겠다는 직원이 올해만 벌써 3명째다. 사장은 '일은 똑 부러지게 잘하는데 동료들과 트러블이 끊이지 않는 이 대리' 때문에 고민이 많다. 그동안 이 대리와 함께 일했던 직원들은 이 대리 때문에 힘들어했으며, 심지어 인성에 문제가 있다고 지적하는 직원도 있었다.

사장이 고민하는 점은 이 대리의 탁월한 업무 능력에 있었다. 심지어 그를 싫어하는 직원들도 이 대리가 일은 잘한다고 인정할 정도였다. 이 대리는 평소 자신에게 맡겨진 일은 책임감을 갖고 완벽하게 해냈으며,

몇 차례 위기 상황에서 최선의 해결책으로 성과를 냈다. 사장은 이 대리가 다른 직원들과 잘 못 지내는 점만 제외하면 그만한 직원을 절대 구하지 못할 것이라 생각했다.

한편 이 대리가 아무리 일을 잘한다고 하더라도, 이 대리 때문에 직원들이 회사를 그만두는 것은 사장 입장에서 한번 짚고 넘어가야 할 문제였다. 이 대리는 직위를 막론하고 다른 직원들과 자주 갈등을 빚었으며, 이 대리 또한 다른 직원들과 함께 일하는 공동 작업은 불편해했다.

특히 최근 한 직원이 사장 앞에서 펑펑 울며 이 대리가 동료들을 얼마나 배려하지 않는지, 매너 없게 대하는지 들었을 때, 사장은 이 대리가 서운해서 회사를 그만두더라도 따끔하게 질책하겠다는 결심을 했다. 하지만 며칠 후 이 대리가 고객과 발생한 문제를 자신의 업무 역량과 노하우로 깔끔하게 해결한 것을 보고, 사장은 또다시 갈등하기 시작했다.

'이 대리가 우리 회사를 떠나면 누가 그를 대체할 수 있지?', '그의 업무 공백이 오히려 회사와 직원들에게 안 좋은 게 아닐까?', '여러 업무로 사장인 나도 바쁘고 힘든데, 직원들끼리 서로 조금씩 맞춰주며 알아서 잘 지내면 얼마나 좋을까?'라는 생각으로 사장은 직원들의 갈등을 슬슬 회피했다. 사장은 조만간 다시 터질 수밖에 없는 문제를 안은 채, 해결을 위한 행동을 차일피일 미루는 것을 반복했다.

이 사례에서 사장이 반드시 해야 하는 일은 무엇일까? 떠나는 직원들을 회유하기? 이 대리와 헤어지기? 아니다. 조직 내 문제를 인지한 순간,

개선을 위해 즉각적인 행동을 취하는 일이다. 리더가 직원들의 갈등과 불화를 인지했다면, 즉시 객관적 상황을 파악하고, 관련된 직원들과 소통하며, 보다 적극적으로 개선을 위한 해결책 제시를 해야 했다.

마치 숙제 미루기처럼 '어려운 문제이니 방법을 좀 생각해보자', '우선 더 급해 보이는 다른 일부터 해결하자'라는 태도로 방치하면, 문제는 더 커지고, 문제가 또 다른 문제를 만들기 때문이다. 이 대리와 동료 직원들 사이의 문제를 해결하지 않고 미룰 경우 퇴사하는 직원들은 점점 늘어나고, 회사 입장에서는 인력 손실과 직원 채용에 대한 부담을 져야 한다.

유감스럽게도 직원들 사이의 문제는 모든 조직에서 일어날 수 있는 흔한 일이다. 이렇게 이 대리와 직원들 간의 이슈가 생길 경우, 리더는 어떻게 해야 할까? 먼저 리더는 관련 문제의 본질을 직접적으로 마주하며 소통을 시작해야 한다.

직원마다 갈등의 원인, 화나는 이유는 각기 다를 수 있다. 리더가 직원과 개별 소통을 통해 직원의 상황과 감정을 충분히 들어주며, 직원이 무엇을 원하는지, 객관적으로 어떤 상황인지 파악해야 한다. 직원들은 이 대리 때문에 얼마나 힘들고 마음고생하고 있는지를 리더가 공감해주고 알아주는 것만으로도 마음이 누그러질 수 있다. 또한, 리더가 직원들이 받는 스트레스를 중요한 이슈로 여기고 해결하고자 하는 적극적인 모습을 보여줄 때, 직원들도 리더를 신뢰할 것이다.

이 대리와의 소통에서는, 이 대리의 뛰어난 업무 성과와 능력을 먼저 충분히 인정해주고, 문제점 인식을 위한 질문을 던지는 방법도 좋다. 리더의 역할은, 이 대리의 행동 개선을 위해 스스로 노력하도록 돕는 일, 관련 직원들과 지속해서 소통하며 얼마나 개선되고 있는지 관심을 갖고, 동료 직원들의 이해 폭을 키우는 일이다. 유능한 직원은 성과를 발휘할 때만 마주하고, 약점 관리를 못 해서 고군분투할 때 외면하는 리더를 떠날 것이다. 리더는 직원들과 함께 성장하고자 하는 의지와 진정성을 보여주어야 한다.

또한, 직원 모두 '회사는 성과를 내기 위해 모인 곳이며, 우리는 성과를 위해 팀워크를 발휘한다'라는 공유된 책임감을 가지고 일하는 분위기를 만들어야 한다. 이를 위해 업무 분배 방식, 효율적 보고 방식, 다면 평가 방식, 성과 인정 방법 등의 인사 시스템은 필수이며, 직원의 강점과 역량을 극대화하며, 약점을 서로 보완하며 일할 수 있는 조직 문화를 형성해야 한다.

마지막으로 회사 구성원들을 책임지는 리더는 항상 리스크 관리를 해야 한다. 특히 HR 관련 리스크는 예측이 불가능한 경우가 많기 때문에 기본적으로 업무 백업 장치를 마련해두어야 한다. 가령 이 대리처럼 한 직원에게 업무 의존도가 높은 상황이 지속되지 않도록 평소 직원들의 업무 역량 개발에 두루 힘쓰고 성과를 잘 내고 일 잘하는 직원들이 각 포지션에서 책임을 다하는 조직 구조를 미리 구축해두어야 한다. 또 직원의 갑작스러운 퇴사, 휴직 등 불확실성에 대비하고 업무 공백이 생기지 않도록 직원들이 서로의 업무를 백업할 수 있는 체계적인 역할과 책임을 설정해두어야 한다.

리더에게 문제의 발단 단계 혹은 작은 문제를 개선하는 데 들이는 시간과 비용이 당장은 커 보일 수 있다. 하지만 문제가 눈덩이처럼 불어난 후 해결을 위해 들이는 시간과 비용에 비하면 훨씬 적음을 명심해야 한다. 혹시 지금 우리 조직에 있는 문제들, 특히 직원들 간의 갈등과 같은 문제들이 있고 아직 해결되지 않은 것 같다면, 즉각적이고 적극적으로 해결하기 위해 노력해보면 어떨까?

Chapter 05

우리 조직 돌아보기

월급 루팡은
누가 만드나

사장 : "아니 벌써?"

을 팀장 : "아직도 며칠이나?"

Y사의 월급날은 매월 20일이다. 위의 대화는 20일이 가까워질 때마다 Y사의 사장과 직원인 을 팀장의 반응이다. 월급날이 되면 사장은 하는 일 없이 꼬박꼬박 월급을 받는 을 팀장 때문에 복장이 터진다. 회사에서 일은 안 하고 월급은 꼬박꼬박 챙기는 사람을 일컬어 흔히, 월급루팡이라고 한다. 작정하고 월급루팡을 채용하는 회사가 있을까? 대부분 신입사원 시절에는 포부를 갖고 잘해보자는 의지로 입사를 하지, 처음부터 월급루팡이 되리라 마음먹은 사람은 거의 없을 것이다. Y사의 을 팀장도 마찬가지다.

전 직장에서 오랫동안 회계와 재무 일을 했던 사장은 자타 숫자 전문가다. 숫자 전문가답게 직원들로부터 매출과 이익, 딱 2가지만 짧고 강렬하게 보고를 받는다. 수치가 목표치에 못 미치는 날이면 미팅에 들어가는 직원들은 샌드백이 되어야 한다. 욕 세례를 받는 을 팀장은 머리를 조아리며 영혼 없이 "죄송합니다"를 연발해대면서, 마음속으로는, '목표 부진이 내 탓이란 말인가? 왜 나한테 이러는데?'를 외칠 수 없는 자신의 모습에 억울함과 분노, 그리고 서글픔이 밀려온다. 그런데 이 짧지만 강렬한 푸닥거리의 반복은 을 팀장의 맷집을 더 강하게 키워갔고, 사장의 비난에 내성이 생겼다.

사실, 을 팀장이 목표 부진을 만회하기 위해 노력을 안 해본 것은 아니다. 그러나 을 팀장의 업무 범위에서 할 수 있는 일은 제한적일 수밖에 없었다. 그래서 이직도 고려해봤다. 하지만 이직할 경우, 새로운 회사에 적응해야 하는 부담감과 이직으로 인한 여러 리스크를 감안해야 한다. 어쩌면, 목표 미달의 원인을 분석하고, 계획해서 실행하며, 지속해서 점검하며 열심히 일해야 하는 것보다는, 짧고 임팩트 있는 상황을 그때그때 면피하는 것이 더 편할 수 있다는 자기 합리화를 하게 되었다. 그래도 매월 월급 날이면 월급이 나오니까…. 을 팀장은 그렇게 월급루팡이 되어갔다.

누가 을 팀장을 월급루팡으로 만든 걸까?

사장? 을 팀장 자신? 둘 다 틀린 것은 아니다.

그러나 첫째, 회사 시스템의 부재가 월급루팡을 만든다. 사장은 매출과 이익 외에 회사의 발전과 성장을 보여주는 다른 지표 관리를 하지 않앗다. 회사는 직원들의 일하는 전 과정을 관심 있게 살피고, 결과에 영향을 주는 지표도 관리해야 한다. 결국, 능력 있는 직원들이 열심히 일하는 조직 문화가 회사에 이익과 성장을 가져온다. 결과 외에 과정을 평가하는 지표 관리 시스템이 없다면, 일도 안 하고 이직도 못 하는 직원들만 남아 월급루팡이 되어간다.

둘째, 사장의 평가 방식이다. 부진한 결과를 직원 탓으로 돌리고, 직원을 인격적으로 비난할 때 직원은 크게 상처받고 업무 의욕을 잃어버린다. 회사의 매출이 부진하고 목표를 달성하지 못했을 때, 객관적인 원인 파악과 단계별로 명확한 수치와 목표를 정해서 해결책을 모색해야 한다. 을 팀장의 사례처럼, 사장의 감정적인 비난이 반복되면, 회사와 업무에 애정이 있었던 직원들도 '그냥 월급이나 받으며 다니자'라는 생각으로 출근하는 월급루팡이 된다.

월급루팡이 된 직원을 비난하기 전에, 회사에서 직원을 월급루팡으로 만드는 원인은 없는지 한번 점검해보는 것은 어떨까?

회사가 원하는 완벽한 인재를 채용할 확률은 1%다

'직원 수가 2만 명일 때, 채용담당자만 1,000명'

국내에서 가장 입사하고 싶은 외국계 기업 1순위를 11년째 기록 중인 구글의 이야기다. 직원 1명을 뽑는 데 무려 150시간에서 500시간을 투자한다니, 꿈의 직장이라고 불리는 구글이 인재 채용을 얼마나 중요하게 여기는지 알 수 있는 대목이다. 실제로 여러 사장들이 '좋은 인재를 채용하기가 하늘의 별 따기'라는 이야기를 하고, 조직을 경험한 사람이라면 누구나 채용이 얼마나 중요한지 공감한다.

대다수 회사가 좋은 인재를 채용하기 위한 '인재상'을 가지고 있다. 구글의 인재상은 첫째, 누가 시키지 않더라도 자발적으로 좋은 인성을 드러내는 사람, 둘째, 지적인 겸손을 갖춘 사람, 셋째, 평범에 머무르지 않는 사람이다.

구글의 인재상에는 전문지식을 갖춘 사람이나 업무 능력이 탁월한 사람이 포함되어 있지 않다. 일은 팀으로 하는 공동 작업이라 생각하기 때문이다. 요즘 많은 회사에서도 구글처럼 업무 능력보다는 회사의 인재상에 적합한 사람을 우선순위로 채용한다.

채용 기준에서 회사 인재상과 맞는지가 가장 중요한 B사

직원 50명 규모에서 빠르게 성장하고 있는 B사는 본격적인 마케팅 활동을 위해 해당 분야에 경험과 지식이 있는 마케팅팀장을 채용하기로 했다. 그러나 지원자들 인터뷰만 6개월 이상 진행하면서도 적합한 인재를 채용하지 못했다. B사가 채용하고 싶은 '좋은 인재'란, B사의 인재상인 '주도적, 자발적, 적극적인 사람'과 딱 맞아떨어지는 사람이다.

B사는 회사 설립 초창기부터 인재 채용 시, 인재상에 부합하는지를 가장 중요한 요인으로 고려했다. 그래서 B사 직원들도 대다수가 인재상에 걸맞게 적극적이고 주도적 성향의 사람들이 많다. 채용을 위한 인터뷰에도 직원들이 자발적으로 참여해 지원자의 성향을 검증한다. 이번 마케팅팀장 채용을 위한 인터뷰는 사장과 인사팀장을 포함해 마케팅 부서원 2명이 참석했고, 지원자의 인터뷰가 끝난 뒤 평가가 진행되었다.

"…이런 답변을 하셨습니다. 그래서 이분의 성향이 굉장히 꼼꼼하고 세심한 것 같은데, 적극적 성향은 아닌 것 같습니다. 우리 회사 문화와는 맞지 않는 사람입니다."

"…이직 사유가 주도적 성향과는 거리가 있습니다…"

면접 참석자들의 전원 동의가 있어야 입사가 진행되는 B사의 채용 방식에서 이번 후보자도 면접자 과반수의 반대로 탈락이다. 사장은 고민스러웠다. 마케팅에 주력해야 할 시기인데, 실무 경험이 풍부한 인력의 부재로 주요 프로젝트가 지연되고 있다. 채용 면접에서 자기 주장이 확고한 직원들과 좀처럼 합의를 이루기 어렵기 때문이다.

B사 인재상에 딱 맞는 사람들만 모인 회사, 과연 성공적일까?

며칠 후, 마케팅팀 내에서 불편한 일이 발생했다. 마케팅 프로그램을 기획하는 과정에서 상반된 의견을 냈던 마 대리와 박 대리 사이에 공격적인 말들이 오고 간 것이다. 마 대리와 박 대리 모두 주도적이고 적극적 성향이기에, 서로 본인의 의견대로 일을 끌고 나가기를 원했다. 마케팅팀을 새롭게 만들면서 마 대리나 박 대리 모두 타 부서에서 이동한 직원들이기에 마케팅 업무에 경험이 많지 않았다. 사장도 선뜻 둘 중 하나의 기획을 선택하기 어려웠기에 의사 결정이 지연되었다. 이런 상황에서 마 대리와 박 대리의 갈등은 점점 더 커져갔다.

비단 마케팅팀뿐만 아니라 타 부서에서도 회의 때마다 자기 주장을 너무 강하게 이야기하거나, 서로 의견 일치가 안 되면 공격적 말들이 오가곤 한다. 또한 서포트 성격의 업무는 서로 피하려고 하는 등의 문제점들이 있었다. 회사의 인재상을 가장 중요하게 여기는 B사의 채용 기준과 과정은 현재 회사 상황에서 적절한 걸까?

인재상은 조직 문화의 기준점, 중요한 것은 '다양성'

회사의 인재상은 조직 문화를 만들어가는 하나의 기준점이 된다. 인재상은 회사의 미션과 핵심 가치와 부합되기에 '어떤 회사를 만들어가겠다'라는 사장과 직원들의 가치가 녹아 있다. B사의 경우 '주도적, 자발적, 적극적인 사람'이라는 인재상 설정이 잘못되었기에 사장이 고민하는 문제가 발생한 것일까? 회사의 성장 단계와 규모에 따른, 필요한 인재 채용 과정에는 문제가 없을까?

건강한 조직 문화는 다양한 사람이 가진 장점들이 모여서 조성된다. 서로 다른 모습의 퍼즐 조각이 맞춰져서 하나의 큰 퍼즐 그림이 완성되듯, 팀워크도 마찬가지로 각각의 다른 개인이 모여서 일의 성과를 낸다. 여기서 주목할 점은 퍼즐 조각들은 모두 똑같이 생기지 않았다는 것이다. 똑같이 생긴 퍼즐 조각끼리는 맞춰지지 않는다. 서로 다른 사람들이 함께 일하는 회사는 각기 다른 강점을 가진 다양한 인재들이 모여 시너지를 내기에, 개인별 다양성이 필요하다. 또 회사의 성장 단계별로 필요한 역할이 다를 수 있기에, 회사가 필요한 업무와 포지션에 맞게 채용하는 것이 중요하다.

처음부터 회사가 원하는 완벽한 인재는 지원하지 않는다

회사의 인재상에 부합하면서도 다양한 직원들과 원활하게 협업하며, 인품이나 업무 역량 면에서 모두 완벽한 사람을 채용하기란 현실적으로 어렵다. 그래서 회사는 지속해서 교육하고, 코칭하면서 직원들을 회사가 원하는 인재로 성장시키는 노력이 필요하다.

　회사가 성장할수록 좋은 인재를 충원해야 하는 것은 필수 과제이며, 유능한 인재가 있는 것과 없는 것은 조직의 성장을 좌우하기도 한다. 신입 때부터 함께했던 직원들이 회사의 성장과 함께 리더로서 성장하기 위해서는 회사에서 리더십 교육을 제공해야 한다.
　다양한 성향의 구성원을 리딩하면서 최고의 성과를 끌어낼 줄 아는 능력과 포지션에 맞는 업무 역량을 높이기 위한 교육과 코칭이 매우 중요하다. 회사를 잘 알면서도 일 잘하는 직원들이 직무 곳곳에 포진해서 다양한 팀원들을 채용해서 관리할 수 있다면 그 회사는 안정적으로 성장할 수 있을 것이며, 사장은 천군만마를 얻은 것과 같은 기분일 것이다.

　특정 분야의 경험과 지식을 갖춘 경력직 인재의 영입이 필요한 경우가 있다. 이때, 회사는 입사 지원자의 업무 능력 평가와 함께 회사의 조직 문화에 부합되는 최소한의 기준들을 마련해보기를 추천한다. 건강한 조직 문화를 가지고 있는 회사라면, 다른 문화의 경력자를 포용하며 회사 문화에 적응할 수 있도록 돕는다. 아무리 유능한 직원이 들어와도 인재를 관리하거나 성장시킬 수 없는 회사에서는 결국 좋은 인재를 놓치고 만다.

　'천재는 1%의 영감과 99%의 노력으로 만들어진다'라는 말이 있다. 이 명언을 빌리자면, 회사가 원하는 완벽한 인재를 처음부터 채용할 확률은 1%이며, 99%는 회사와 직원의 상호 노력으로 최고의 인재를 만들어가야 할 것이다.

사업 성장보다 이익 추구가
먼저인 회사는 멀리 못 간다

"올해 상여금이 얼마나 나올까요?"
"목표를 초과 달성해 기대할 만하다고 본부장님이 말씀하셨어요."
"상여금 받으면 차 바꾸려고요."

S사의 1사업본부 직원들은 상여금 받을 기대에 잔뜩 들떠 삼삼오오 모여 즐거운 대화를 한다. S사는 사업본부별로 자율적 운영과 관리를 한다. 사장의 승인 아래 사업본부별 목표를 설정하며, 각 사업본부의 KPI(핵심성과지표) 달성 결과에 따라 상여금을 주는 제도가 있다.

한편 S사에 입사한 지 2년이 된 1본부의 김미래 과장은 상여금 받는 것이 좋기도 하지만, 왠지 찝찝하고 유쾌하지만은 않다. 목표를 달성한 이면에는 많은 문제점이 있다는 것을 알기 때문이다.

"경기가 너무 안 좋고 시장 침체가 지속되다 보니, 구매율도 저조합니다. 저희 부서가 주로 판매하는 상품의 경쟁력이 약해져 매출 하락은 불가피합니다." 김미래 과장이 입사해 사장과의 회의 때마다 들었던 1본부 부서장인 이다익 본부장의 브리핑 서두다. "따라서 올해 우리 본부의 목표는 이익을 극대화하는 것입니다."

S사 1본부의 올해 주요 KPI는 이익 극대화다. 단, 미래를 위한 투자는 필요하기에 투자비는 KPI의 비용으로 인식하지 않는다. 사장도 현재 상황에서 단기간 내에 매출을 증가시키기 어렵다는 것을 이해했고, 무엇보다 미래를 위한 고민과 투자를 지속하겠다는 본부장의 의견에 동의하고 KPI 내용을 승인했다.

목표 달성 위해 줄이고, 안 쓰고, 안 하고…

이다익 본부장이 '이익 극대화'라는 목표를 달성하기 위해 실행한 첫 번째 캠페인은 전 부서원의 '절약하기'였다. 회식비, 교육비부터 일반 물품 구입비까지, 작년 대비 줄어든 비용을 목표로 설정했다. 그러나 이런 절약 캠페인만으로는 전체 목표 이익을 달성하기에 역부족이었다. 가장 큰 비용을 차지하고 있는 직접 인건비가 감소하지 않는 한 매출 부진 상황에서 이익을 개선하기는 어려웠다.

따라서 1본부의 두 번째 실행은 본부 인원을 동결하고, 직원이 퇴사하면 더 이상의 충원은 하지 않기로 했다. 또한 비용이 크게 발생하는 직원 복지 비용은 일부 삭감했다. 이런 노력의 결과, 1본부의 이익은 전년보다 눈에 띄게 증가했다.

그러나 직원 감소에 따른 업무 공백이 생겼을 뿐만 아니라, 사장이 승인한 신규 사업을 진행할 여력조차 없었다. 1본부에서 고민한 방안은 퇴사 인원의 일부 업무와 신규 사업 업무를 묶어 외주를 주고, 이 외주 비용은 투자 항목으로 처리하는 것이었다. 즉, 비용이 아니라 투자인 셈이다. 투자비의 경우 5년 동안 감가상각한다. 설령 투자비를 비용에 포함해도 5년으로 쪼개진 비용은 크게 증가하지 않는다.

이러한 '이익 극대화' 전략 아래 이다익 본부장의 강력한 리더십과 처세로 1본부는 목표 이익을 초과 달성했다. 직원들은 '웬만하면 안 쓰기' 혹은 '돈 들어가는 일은 안 하기'에 동참했고, 이런 본부의 정책에 회의를 느끼거나 강력하게 반발했던 직원들은 회사를 떠났다.

김미래 과장은 S사의 신규 사업 성장에 관심이 있었고, S사로 이직하게 된 동기이기도 하다. 그런데 김미래 과장이 경험한 S사는 '사업 성장'보다는 '이익 추구'가 더 중요했다. 성장과 도전을 원하는 동료들이 하나둘 회사를 떠났고, 예전부터 일해왔던 직원들은 최소한의 일을 하면서 안정적으로 회사에 다니는 것처럼 느껴졌다. '돈 들어가는 일 안 하기'가 자연스럽게 일하지 않는 분위기를 용인하고 있었다. 김미래 과장은 어느새 자신도 그냥저냥 회사에 다니고 있는 월급루팡 중 한 사람이 된 것 같았다. 그럼에도 불구하고, 상여금을 두둑하게 받게 되는 이 아이러니가 김미래 과장에게 남아 있는 성장 인자의 발목을 잡는다.

"그럼 1년 더 이 회사에서 일하지 뭐…."

S사 1본부의 사업 결과를 보면, 매출이 줄어드는 가운데 눈에 보이는 비용의 감소로 KPI 이익은 전년도보다 증가했다. '이익 증가'라는 KPI 목표를 초과 달성했기에 직원들에게 상여금이 지급됨으로써 결과적으로 실제 이익은 크게 개선되지 않은 셈이다. 또 회사의 미래를 견인할 신규 사업 업무는 외부 인력을 사용했다. 이는 여러 가지로 해석될 수 있으나 회사의 중요한 사업을 외주 처리한다는 것은 장부상 비용을 감소시키기 위한 꼼수라는 의심이 더 크게 든다. 게다가 퇴사 직원의 업무를 투자비로 인식되는 외부 인력에 더한다는 것은 사업 윤리 강령에 어긋나는 행위일 수도 있다.

S사의 1본부가 목표 이익을 달성하기 위한 과정에서 일을 통해 성취감을 얻고자 하는 직원들은 퇴사했고, 적당히 타협하며 순응하는 월급루팡들을 생산하는 조직 문화가 만들어졌다. 달콤한 상여금 잔치는 그나마 직원들에게 남아 있는 도전과 진취를 안락사시키는 묘약으로 사용되었다. S사 1본부의 KPI 이익은 도대체 무엇을 위한 것일까?

이익 추구 리더십 vs 성장 리더십

'이익을 추구하는 리더십'은 당장 눈앞에 보이는 이익은 개선된 것 같이 보이게 하지만, 회사를 점점 더 쪼그라들게 만들어 수명을 단축시킨다. 반면, '성장을 이끄는 리더십'은 회사를 역동적으로 만들며 고객 만족을 위한 부단한 노력과 직원들의 과감한 도전 의식을 격려하고 높게 평가한다. 성장하는 회사에 유능한 사람들이 모이며, 그들의 탁월한 성과가 회사를 성장하게 한다. 회사가 성장하면 매출이 증가한다. 매출이 증가하면, 궁극적으로 이익은 개선된다. 회사는 이익을 추구하는 집단이다. 하지만 이익을 먼저 추구하는 리더십은 회사의 성장을 저해해 궁극적으로 이익을 감소시키는 모순을 보여준다.

흔히들 삶에서 추구해야 할 것은 '행복, 건강, 즐거움'이라고 한다. 돈은 따라오는 것이지, 추구하는 것이 아니라고 한다. 여러 회사가 성장하고, 정체되고, 심지어 망하는 모습을 보면서 사업도 삶과 비슷하다고 생각한다.

사업을 하면서 이익 추구를 실천하지 않기는 어려운 이야기일 수 있다. 그러나 큰 성공을 거둔 회사의 공통점은 회사의 성장, 고객의 만족, 직원의 행복을 추구했다는 점이며, 회사의 매출과 비용을 현명하게 관리했고 그 결과, 이익이 따랐다는 점이다. 결국 회사의 이익을 높이기 위한 최선의 방법은, '성장을 이끄는 리더십'으로 지속적인 성장과 함께 투명하고 스마트한 관리가 아닐까?

기업의 목표 달성을 위한 성공적인 전략 세우기

회사는 항해하는 배와 같다. 항해를 시작할 때 가장 먼저 해야 할 것은 무엇일까? 바로, 어디로 갈지 정하는 것이다. 목표 지점이 정해지면, 운항 거리에 맞춰 연료를 준비하고, 선장과 선원 사이의 역할 분담을 하고, 호흡을 맞춘다.

회사는 목표를 설정하면, 달성을 위해 전 부서와 직원이 각자의 역할을 수행한다. 목표에 도달하기까지 회사에서 하는 일련의 과정이 말 그대로 '회사 일'이다.

그런데 만약 직원들이 회사의 목표를 정확히 모른다면, 사장과 직원이 이해한 목표가 서로 다르다면, 선원인 내가 탄 배가 어디로 가는지 모르는 것과 같다. 당연히 본인의 역할과 업무 수행을 제대로 하기 힘들고, 위기 상황에 올바르게 대처하기 어렵다.

목표 설정이 중요하다는 것은 누구나 아는 이야기다. 이미 목표 설정 방법의 하나인 SMART, 즉 목표는 구체적이고(Specific), 측정 가능하며(Measurable), 행동 지향적이고(Action-oriented), 현실적이며(Realistic), 기한을 줘야 한다(Time-bound)는 이론도 널리 알려져 있다.

물론 스마트한 목표를 세우는 것은 중요하다. 회사에서의 목표는 구성원이 함께 만드는 성과에 대한 결과치를 미리 잡는 것이기도 하다. 결국 사장과 직원이 함께 만들어내야 하므로, 목표 설정에서 가장 중요한 것은 '직원들과의 마인드 셰어'라 할 수 있다.

조직의 리더는 회사에 대해 가장 깊은 통찰력을 지니는 자리다. 리더가 세우는 목표는 큰 그림과 다각도의 전략을 바탕으로 나오는데, 직원의 입장에서는 리더의 목표가 때론 공격적이거나 달성 불가능해 보일 수 있다. 직원이 세우는 목표는 구체적이고 현실적이다. 본인과 소속 팀이 실제 수행할 수 있고, 달성 가능한 수준의 목표를 설정한다. 사장 입장에서는 직원들의 목표가 보수적이며 소극적으로 보일 수 있다. 사장과 직원이라는 기본적인 포지션에서 오는 차이를 바탕으로 설정하는 목표 수준이 다를 수 있다. 그래서 목표 설정이 탑다운(top-down) 방식이든, 바텀업(bottom-up) 방식이든 목표를 설정하는 첫 단계부터 사장과 직원을 포함한 모두의 참여와 동의가 필요하다.

같은 곳을 바라보는 우리?

내년 목표 설정을 위해 H사의 사장과 각 부서 팀장들이 모였다. 팀별 회의를 거쳐 영업팀은 매출 10% 증가, 마케팅팀은 회원 수 20% 증가, 고객지원팀은 회원 이탈 수를 올해 수준으로 유지하겠다는 목표를 사장에게 사전 제출했다.

"모든 부서의 목표가 지나치게 보수적이고 소극적입니다. 목표 재검토 합시다."

사장의 첫 마디에 모든 팀장들이 당황했다. 원래 설정한 목표도 경기와 시장 상황을 고려할 때 쉽지 않다는 팀원들 의견이 있었기 때문이다.

"현 상황과 우리 제품의 경쟁력 등을 고려할 때, 고객지원팀은 올해 수준으로 유지한다는 목표를 그대로 가져가고, 영업팀은 매출 15% 증가, 마케팅팀은 회원 수 30% 증가로 상향 조정했으면 합니다. 그럼 각 팀장 간 회의 더 진행하시고, 조정된 목표로 오늘 공지하세요."

사장이 목표를 상향 조정한다는 결정을 내리자 팀장들 사이에서는 불만이 터져 나왔다. 처음 설정한 목표도 실무진에게는 도전적인 수준인데, 그보다 더 상향된 목표는 합리적이지 않다고 판단한 것이다.

"사장님께서 이렇게 높은 목표를 주시다니, 내년 성과금이 좀 크게 편성되었나 보죠?"

"목표 달성하려면 지금의 150%는 더 일해야 할 텐데, 추가 인력을 붙여주실 게 아니라면 당연히 충분한 보상이 있어야죠."

"내년 목표 달성 시 어느 정도의 성과금이 있는지 사장님께 여쭤볼까요? 저희도 대략 알아야 팀원들에게 동기 부여를 하죠."

"K팀장님, 안 그래도 작년에 저희가 여쭤봤었는데 사장님께서는 이런 질문 자체를 꺼리시는 것 같아요. 목표 달성 전략을 세우기도 전에 성과금 수준 먼저 이야기한다고 한말씀하셨어요."

사장은 상향된 목표에 팀장들이 불편해하는 것을 느끼며 여러 고민에 빠졌다. 해마다 급여를 인상하는데, 오르는 만큼 직원들도 매출과 생산성 향상에 기여해야 하는 것 아닌가? 회사는 오르는 월급에 성과금까지 주는데, 당연히 직원들도 더 도전적으로 일하고, 더 높은 목표를 갖고 일해야 하는 거 아닌가?

H사의 사례는 목표 설정 과정 중 흔하게 발생하는 갈등이다. 직원은 소극적 목표를 세우거나 혹은 목표가 상향될 때 달성에 따른 보상을 먼저 기대하고, 사장은 매년 오르는 인건비를 고려해 직원들이 매년 더 도전적으로 일하기를 바라기 때문이다.

사장과 직원의 입장 모두 일리 있고, 납득할 수 있다. 그렇기 때문에 '마인드 셰어'가 필요하다.

목표를 세울 때 필요한 '마인드 셰어'

목표 설정 과정에서 '마인드 셰어'란, 목표와 결과에 관한 사장과 직원 간의 합의, 그리고 목표를 설정하는 과정에서 직원들의 참여와 동의를 의미한다.

목표 설정 시 사장과 직원이 '처음부터 합의'해야 하는 3가지가 있다. 첫째는 수치화한 목표, 둘째는 달성할 경우의 보상, 셋째는 달성하지 못할 경우의 책임이다. 대부분 수치화한 목표에는 사장과 직원 간 합의를 한다. 중요한 점은, 처음부터 결과에 따른 보상과 책임도 합의해야 한다는 것이다.

직원 입장에서는 당연히 목표 달성에 따른 보상을 먼저 기대하거나, 미진할 경우 책임을 져야 한다는 막연한 두려움을 갖는다. 사장 입장에서는 합의한 목표가 여전히 부족해 보이거나, 투입되는 인건비 대비 합당한 이익이 돌아오길 바란다.

만약 '보상과 책임'에 대한 합의 없이 그저 목표를 위해 달려갈 경우, 어떤 일이 발생할까? 목표 달성 시 직원들은 노력한 만큼의 충분한 보상을 받고 싶어 한다. 경우에 따라 회사가 지급하는 성과금이나 보상의 수준에 만족하지 못할 수 있다. 사장 입장에서는 보상했음에도 불구하고, 구성원의 만족이나 다음 목표를 위한 충분한 동기 부여를 못 하는 셈이다.

목표를 이루지 못했을 경우 더 큰 갈등이 발생한다. 극단적으로 긴축 정책, 감원, 조직 개편 등이 필요한 상황에서 합의하지 않았던 책임을 직원이 져야 할 경우, 서로 간의 갈등을 초래한다. 종종 회사 상황만 고려하면 불가피한 결정을 해야 할 때가 있다. 사장은 합의되지 않은 책임을 직원에게 물을 수 없으며, 이로 인해 회사 재정이 악화되는 결과를 초래하기도 한다.

돌아보면, 목표 자체를 잘 세웠을 때보다 '목표 설정 과정에서 사장과 전 직원이 마인드 셰어를 했을 때'가 더 나은 성과가 나왔다. 당연한 이치다. 모두가 합의한 목표 지점을 향하면서 도착했을 때 무엇을 기대할 수 있고, 도착하지 못했을 때 어떤 위험과 책임이 있을지 알고 항해하는 것과 모르고 항해하는 것은 큰 차이를 보이는 것과 같다.

'내가 선장인 우리 회사는 잘 나아가고 있는가?', '우리가 향하는 곳은 조직 전체가 합의한 지점인가?', '만약 목적지에 가거나 못 갔을 경우, 따르는 보상과 책임을 조직 전체가 합의하고 가고 있는가?' 한번 돌아보면 어떨까.

다면 평가에서 낮은 점수를
받은 B팀장이 승진한 비결

사회생활을 하기 전, 우리는 무수히 많은 평가를 경험했다. 직장생활에서도 주기적으로 평가를 받거나 평가를 한다. 연차와 업무 경험이 쌓여도 평가는 여전히 스트레스의 대상이자, 긴장을 유발한다. 왜 우리는 회사에서도 이 스트레스의 근원인 평가를 하거나 받아야 할까?

회사는 이익을 창출하는 조직이다. 시장에서 살아남기 위해 성과를 내야 하며, 성장을 해야 한다. 평가에는 크게 두 가지 기능이 있다. 첫째, 평가는 성과를 관리하는 과정이다. 지금까지 회사가 목표한 성과를 달성했는지를 점검하고, 조직 성장을 이뤄내는 개인 또는 팀의 업무 성과를 점검한다. 둘째, 평가는 보상하기 위한 기준이다. 회사는 평가를 통해 인적자원의 능력과 성과를 측정하고, 직원 또는 팀에게 정당한 보상을 한다. 회사 성장에 미미하게 기여한 직원 또는 팀은 평가의 존재만으로도 긴장하거나 자극을 받는다. 공정하고 객관적이며 투명한 평가는 조직 운영에 적당한 긴장감을 불어넣고, 회사 성장을 촉진하는 데 도움이 된다.

회사마다 다양한 방식의 평가를 한다. 개인 업무 및 팀과 관계없이 동일한 목표와 기준으로 평가하기도 하고, 업무 특성에 따라 개인이나 팀마다 상이한 기준을 가진 평가를 하기도 한다. 회사의 규모나 사장의 가치관에 따라 평가 방식은 다를 수 있으나, 많은 회사에서는 업무 목표에 따른 핵심 성과를 설정하고, 달성했는지를 평가한다.

수평적이며 다각적인 평가 방법도 있다. 상사를 비롯해 함께 일하는 팀원, 관련 부서의 동료 혹은 고객과 파트너사에도 평가를 받는 '360도 다면 평가' 등이 그 예다. 이는 수치화하기 어려운 업무 성과나 성과에 대한 과정을 평가하기 위해 사용할 수 있는 평가 방법의 하나다.

평가 주기 역시 매 분기 혹은 매년 고정되었던 것에 비해 요즘은 조직의 유연성을 강조하며, 실시간으로 변하는 추세다. 진행하는 업무에 대해 실시간으로 성과 관리를 하고, 보상하며 피드백을 해야 한다는 취지에서다. 지금 우리 회사는 어떤 방식으로 평가하고 있는가?

평가 따로, 보상 따로

J사는 올해부터 360도 다면 평가를 시행하기로 했다. 매출이나 이익 등 명확한 성과를 평가하는 것뿐만 아니라, 수치화하기 어려운 업무 성과를 평가하기 위함이다. 이를 위해 팀원에게 받는 리더십 평가, 동료 평

가, 고객과 파트너사의 피드백도 인사 평가에 반영하기로 했다.

그런데 J사는 목표 설정을 할 당시, 직원들 사이에 평가 항목과 기준에 대한 이견이 분분했다. 그러다 보니 어떤 기준과 방법으로 평가할지 구체적인 합의 없이 기존에 진행했던 방식대로 수치화된 목표만 설정했다. J사의 새로운 평가 방식이 측정하기 어려운 성과에 대해 평가를 해줄 것이라는 막연한 기대가 있었을 뿐이다.

360도 다면 평가 결과, 올해 팀 목표를 달성했으나 실질적으로 팀 내에서는 '월급루팡'으로 불린 A팀장은 리더십 면에서 팀원들에게 박한 점수를 받았다. 올해 목표를 달성하지 못했지만, 항상 상사에게 '효율적으로 일 잘한다'라고 칭찬받던 B팀장은 파트너사에게 좋지 않은 피드백을 받았다. 한편 늘 조용했던 고객지원팀의 C대리는 고객에게 많은 칭찬을 받았다. A팀장과 B팀장은 360도 다면 평가의 비중이 전체 평가에 어느 정도 반영되는지, 질문 내용이 객관적인 평가를 위한 것이었는지에 대한 이견과 불만을 토로한 반면, 고객지원팀 C대리는 공감할 만한 결과가 나왔다고 생각했다.

목표 설정 단계가 아닌 성과 평가 단계에서 평가 방식에 대한 문제 제기와 강한 반발로 J사의 360도 다면 평가 결과의 비중은 대폭 축소되었다. 따라서 평가에 따른 인사고과도 예년과 크게 다르지 않게 나타났다. A팀장은 리더십 향상을 위한 교육을 받았고, B팀장은 연차에 따라 승진을 했으며, C대리는 인센티브 지급 대상에서 제외되었다. J사 직원들 사이에서는 '결국 이런 답정너 인사평가를 할 거면, 오랜 시간과 에너지가 필요한 360도 다면 평가는 왜 한 거야'라는 불만이 돌았다. 360도 다면 평가 방식은 어떻게 해야 효율적인 것이 될까.

뛰어난 조직은 '목표 설정-평가-보상'을 탁월하게 한다

탁월한 조직은 '목표 설정-평가-보상'을 탁월하게 한다. 먼저, 목표 설정은 평가와 보상을 위한 첫 단추와 같다. 목표 설정 과정에서 평가 항목과 평가 방법, 그리고 평가 결과에 대한 보상 등이 설정되어야 한다. 아무리 혁신적인 방식의 평가라도 명확한 평가는 명확한 목표 설정이 있을 때 가능하다.

J사의 고객지원팀처럼 모든 목표와 평가 항목을 수치화하기 어려운 경우나 정량 평가 외에 정성 평가를 할 경우, 수치로 평가할 수 없는 항목에도 회사의 구체적인 기대치가 직원과 공유되어야 한다. 직원이나 팀의 정성적인 부분을 평가하고자 한다면, 이 역시 목표 설정 과정에서 평가 비중, 평가 항목이나 기준 등이 무엇인지 반드시 선공유되어야 한다.

결국 평가한다는 것은 보상과 연결된다. 전사가 합의한 명확한 기준에 따라 평가를 하고 정당한 보상이 없다면, 평가 자체의 의미가 퇴색된다. 따라서 성과 관리, 조직 관리의 기능을 지닌 평가가 보상으로 연결이 안 되면, 그 평가는 제 기능을 못 하게 된다. 결국 직원들은 영혼 없는 목표 설정을 하게 되며, 평가를 하나의 요식 행위로 인식하게 된다. 즉, 탁월한 성과 관리와 조직 관리는 '탁월한 목표 설정-평가-보상'의 과정에서 나온다.

점점 다양하고 훌륭한 인사 평가 방법이 나오고 있다. 그러나 조직 성장에 도움이 되는 평가는 평가 자체에 있는 것이 아니라, '평가 결과를 바탕으로 무엇을 할 것인지'에 있다. 회사 상황에 가장 잘 맞는 평가 제도를 채택해 성과 관리나 직원들의 역량을 키우고 성장에 기여하는 직원에게 정당한 보상을 해주는 일에 활용하는 것이 중요하다.

평가는 어떤 조직에서나 매우 중요한 역할을 한다. 특히 평가는 조직을 운영하고 성장시키는 데 꼭 필요하다. 조직이 성장하는지 점검하고 관리하기 위해 회사 입장에서는 많은 시간과 에너지를 들여 평가하는 만큼, 평가 방법이나 결과 또는 이후의 조치가 조직 성장을 견인하는 직원에게 동기 부여가 되어야 한다.

우리 회사는 어떻게 평가를 해왔고, 앞으로 성장하기 위해 어떤 평가 방법을 활용할지 고민해보면 어떨까?

우리 회사의
복지는 몇 점일까?

최근 직장인들의 핫플레이스로 떠오른 '힙지로(을지로)'의 한 호프집에 김 사장, 이 사장, 복 사장이 모였다. 이들 셋은 대학생 때 창업동아리에서 만나 비슷한 시기에 창업을 했고, 지금은 어엿한 기업을 이끄는 사장님들이다. 회사에 2000년대 생이 몰려오는 요즘, 세 사장님의 대화 주제는 '사내 복지'다. 최근 직원들의 추세는, 업계 수준을 웃도는 연봉을 준다 해도 조직 문화와 회사 복지가 마음에 안 들면, 입사를 꺼리는 경향이 있기 때문이다.

"자, 이거. 회사에 몇 장 있길래 자네들 주려고 가져왔어." 김 사장이 영화예매권 4장을 내놓았다. 김 사장은 매월 직원들 생일에는 케이크 쿠폰을 선물해주고, 매달 실적이 가장 좋은 팀 전체에는 영화예매권을 쏜다고 했다. 얼마 전에는 방콕으로 전사 해외 워크숍도 다녀왔다고 했다. 크고 작은 기념일마다 직원들에게 상품권을 챙겨주고 있는 김 사장은 본인의 회사가 나름 복지가 좋은 회사라고 자부했다.

　이 사장은 자랑을 늘어놓는 김 사장 앞에서 '그거 우리 회사는 이미 다 하는 건데…'라는 말을 차마 하지 못했다. 이 사장의 회사에서는 이미 오래전부터 생일 케이크와 영화예매권 지급, 도서 지원, 해외 워크숍 등을 실시하고 있다. 그러나 얼마 전, 직원들로부터 회사의 복지가 열악하다는 피드백을 받았다. 회사는 회사대로 직원들 복지를 위해 비용을 지출하고 있지만, 직원들은 케이크, 영화예매권, 도서 지원 등은 회사에서 당연히 제공하는 것이고, 해외 워크숍은 회사 행사에 참여하는 수준으로 인식하고 있었다.

　한편, 복 사장의 회사는 유능한 인재들을 끊임없이 스카우트하고, 직원 근속률이 높기로 유명했다. 그래서 셋이 비슷한 시기에 창업했음에도 불구하고 복 사장의 회사는 가장 높은 매출을 기록하고 가장 큰 규모로 성장했다. 주목할 점은, 복 사장의 회사는 아주 먼 수도권 외곽에 위치해 있는데도 직원들이 그만두지 않고 다닌다는 점이다.
　"아, 우리 회사 근처에는 영화관도 없어서… 영화예매권 대신 직원들에게 가장 필요한 게 뭔지 오랫동안 고민했지. 그랬더니 출퇴근을 힘들어하는 직원, 신혼부부인데 회사가 너무 멀어서 주말부부인 직원들이 꽤 있더라고. 그래서 회사 근처에 집을 얻는 직원들에게는 전세·매매자금 대출 이자를 지원해주고 있어. 물론 근속기간 2년 이상인 직원들에게만. 그랬더니 회사 근처에 집을 얻어 가족끼리, 부부끼리 같이 지내는 직원들이 늘면서, 자기들끼리 커뮤니티도 만들고, 오래 다니는 직원들도 많아졌지."

복 사장은 5년 이내에 회사가 좀 더 성장하면, 회사 차원에서 전세자금 일부를 대출해주는 제도도 고민 중이라고 했다. 김 사장과 이 사장은 매년 사내 복지를 위해 쓰는 비용과 '전세·매매자금 대출 이자'를 지원하는 비용을 빠르게 비교해보기 시작했다.

우리 회사에 꼭 필요한 복지 제도는?

"우리 회사도 복 사장네 회사처럼 당장 전세·매매자금 대출 이자를 지원하는 복지 제도로 바꿔야겠네. 현재 주고 있는 상품권이나 해외 워크숍 같은 건 모두 중단하고, 복 사장 회사처럼 효과적인 제도로 바꿔야겠어."

김 사장은 새로운 복지 제도를 실행하기로 마음먹었다.

"우리 회사의 경쟁사는 직원들에게 일정 금액의 복지 카드도 주고, 사내 카페테리아에서 식음료를 무료로 제공한다고 하는데, 나는 이렇게 복지에 투자하는 비용보다는 회사의 성장이 급선무라고 생각해서 차라리 매출이 많이 나오면 인센티브를 더 주려고 해."

이 사장은 요즘 자사보다 더 나은 경쟁사의 복지 혜택에 직원들이 부러워하면서, 자사에 불만을 가진 직원들이 많다는 사실을 알고 있지만, 당분간은 변화를 주지 않기로 했다.

복 사장 회사의 복지 제도를 벤치마킹해서 기존 제도를 중단하려는 김 사장의 경우, 자칫 직원들은 기존 혜택을 받았다가 뺏겼다는 생각에 회사에 대한 불만이 더 커질 수 있으며, 이는 회사와 직원 간의 갈등을 야기할 수 있다. 따라서, 한번 시행하기로 한 복지 혜택을 회사의 상황에 따라, 혹은 사장의 생각이 바뀌어서 중단하는 것은, 오히려 시작을 안 한 것만 못 하다. 그렇기에 복지 제도를 새롭게 시작하거나 변경할 경우, 어떤 혜택이 우리 회사 직원들에게 동기 부여가 될지를 회사의 여건과 상황에 맞게 신중하게 고민해봐야 한다.

이 사장의 경우, 경쟁사의 복리후생 제도와 이에 대한 직원들의 생각이나 분위기를 잘 파악하고 있으며, 매출에 따른 인센티브를 주게 되면 경쟁사의 복지 제도에 상응할 것이라고 판단한다. 그러나 경쟁사 간 복지 혜택의 차이가 너무 크면, 직원들은 상대적으로 박탈감을 느끼게 된다. 보이는 복지 제도로 인해 동종업계 내 회사들을 비교하게 되고, 이는 경쟁사 이직으로 이어질 수 있다. 회사의 규모와 적정 비용을 고려해 경쟁사와 큰 차이가 벌어지지 않도록 복지 제도를 계획하는 것이 필요하다.

매출과 이익, 성장을 보고 달려가기에도 바쁜 회사 입장에서는 복지가 우선순위가 아닐 순 있다. 그러나 직원들은 더 좋은 복지 혜택을 누리면서 동기 부여를 받아 일하기를 원하며, 시행되었다가 중단되는 사내 복지 제도에 감정적으로 상처 입고, 결국 업무 의욕을 상실하거나 이직을 결심할 수도 있다. 우수한 직원들과 함께 회사를 건강하게 성장시키기를 원한다면, 복 사장 회사의 복지 제도가 어떤 점에서 성공적이었는지 한번 생각해보면 어떨까?

그 많고, 유망했던 신사업들은
다 어디로 갔을까?

"…에, 그래서 급변하는 트렌드에 맞춰 우리도 신규 사업을 런칭하려고 합니다. 우리 A사는 미래의 식량인 스마트 헬스케어 식품을 전문으로 취급하는 온라인 플랫폼을 만들어서 4차 산업을 리딩하는….."

평소 4차 산업 관련 신규 사업에 관심이 많은 사장의 신사업계획은 A사 직원들에게 낯설지 않다. A사는 기존 거래처와의 오랜 신뢰 관계, 다양한 품목, 가격 경쟁력을 장점으로 나름 업계에서 지난 20년간 건실하게 성장한 오프라인 유통회사다.

그런데 온라인으로 유통 환경이 변화하면서, 회사의 성장과 미래 사업에 대한 고민과 이슈가 오래전부터 제기되었다. A사 사장은 신규 사업으로 '미래 먹거리' 전문 온라인 플랫폼 사업계획을 발표한 것이다. A사의 상황에서 사업 다각화는 필수적일 수는 있으나, '미래 식품'이나 '온라인 플랫폼'은 직원들에게는 생소한 분야이기에 사장의 신사업 내용은 마치 다른 회사의 이야기처럼 들렸다.

　신규 사업의 본격적 런칭을 위해, 사장은 TF팀을 만들었다. 온라인 플랫폼 개발을 위해 기존 직원들의 연봉보다 훨씬 높은 수준의 연봉을 제시하면서, IT 관련 분야의 경력자들을 새로 채용했다. 사장은 새로운 경력직원들의 업무 진행 상황을 본인이 신뢰하는 기존 부서장들에게 검증하도록 지시했다. 또한, 신규 사업 분야에 대해 본인과 기존 직원들의 경험이 부족하기에, 외부 전문가를 초청해 조언을 받기도 했다.

　TF팀이 생긴 지 수개월이 지나면서, 사장의 고민은 깊어졌다. 지난 20년을 통틀어 이렇게 많은 인건비를 지출해본 적도 없었고, 사업 확장을 위해 제대로 런칭하는 것도 중요하지만 기대한 만큼의 결과물도 빨리 나오지 않았다. 시간이 갈수록 신사업이 성공할 거라는 믿음보다는 의심이 커졌다. 그래서 사장은 본인의 과거 성공 노하우와 경험을 총동원해 신사업 개발에 박차를 가했다.

　"팀장님, 어제도 온종일 보고자료 만드시던데…. 사장님께 보고는 잘 마치셨어요?"
　최근 TF팀에 경력직으로 입사한 고대리는 보고 자료 작성과 미팅 참석으로 근무 시간 대부분을 할애하고 있는 팀장이 답답하게 느껴졌다. 고 대리는 입사 후 신사업계획을 듣고 여러 가지 의문이 생겼다. 이미 식품 전문 온라인 회사가 넘쳐나는데, 회사가 추진하는 온라인 플랫폼 기획은 딱히 차별점이 없어 보이고, 그렇다고 미래 식품에 대한 경험이나 전문가가 있는 것도 아닌데, 이런 신사업을 왜 하는지에 대해 이해하기 어려웠다. 그러나 좀 더 시간을 두고 회사의 다른 강점이나 투자 계획 등을 파악해보기로 했다.

한편, TF팀 팀장의 고민은 따로 있었다. 이미 정해진 신사업 내용이나 과도한 업무량보다는 업무에 속도를 낼 수 없다는 것이다. 실무는 새로 만들어진 TF팀에서 진행하고, 의사 결정은 해당 분야를 잘 모르는 사장과 임원이 하다 보니 결론 없는 잦은 미팅이 반복되었다. 또한, 신사업에 열정 충만한 사장은 수시로 브리핑을 요구했고, 사장의 과거 경험을 근거로 새로운 주문이 쏟아지면 기획을 수정해 재브리핑하는 것을 반복해야 하니 진행이 더딜 수밖에 없었다.

"예전 회사에서는 3일 동안 서비스 기획하고, 개발부터 시장 검증까지 3개월이면 끝났는데, 여기서는 일을 사골곰탕 끓이듯이 하네. 4차 산업 리딩은커녕, 사업을 런칭할 때쯤이면 이미 4차 산업이 끝나 있겠네."

TF팀 초기 팀원으로 입사한 신대리는 A사의 신사업 진행 과정을 경험하면서 냉소적으로 변했다. 비단 신대리뿐만 아니라, 대다수의 TF팀 직원들은 20년 전에나 했을 법한 업무 프로세스, 보고를 위한 보고, 해당 분야에 전무한 지식과 경험이 신사업 추진을 늘어지게 만들고 있다고 생각했다.

A사는 경직된 분위기에서 당면한 신사업 진행으로 분주해 보이지만, A사의 TF팀 직원들은, 업무 실행을 위한 대기 시간이 길어지고 같은 상황이 반복되다 보니, 어느덧 근무 시간 내에 시키는 일만 하는 것이 점점

더 익숙해지고 편해졌다.

A사의 신사업은 성공적으로 런칭할 수 있을까?

회사가 사업 다각화를 검토하는 여러 가지 이유가 있다. 회사의 성장이 둔화되거나 하락할 때, 혹은 중장기 계획을 세우면서 미래사회에 대응할 필요성을 느꼈을 때 등이다. 특히 A사의 경우와 같이 온라인 환경으로 변화하는 시장에서 오프라인 사업을 하는 사장님들이 사업 다각화를 위해 많은 고민과 투자를 하고 있다.

흔히 회사가 신규 사업을 고려할 때는 '요즘 잘나가는 사업', '핫하거나 급부상하는 아이템', '현재 큰 시장 규모를 가지고 있는 사업', '4차 산업에서 꼭 필요한 아이템이나 서비스' 등을 우선 검토한다. 변화하는 사회 트렌드와 환경을 인식하며 신규 사업을 구상한다는 이야기다.

주목할 점은 신사업 구상은 트렌드나 사회 변화 같은 외부요인에 민감하게 반응하면서 사업 성공을 위해 회사의 내부 요인을 철저히 검토하는 회사가 많지 않다는 것이다. 여기 사업 다각화 또는 신사업 런칭을 실패로 모는 몇 가지 내부 요인이 있다.

첫째, 회사의 현재 모습을 냉철하게 바라보지 못하고 신사업을 추진하는 경우다. 즉, 새로운 업무를 할 수 있는 인재가 있는지, 신규 사업을 위해 투자할 수 있는지 등 회사의 역량이 정확하게 파악되지 않을 때, 사업 다각화나 신사업을 추진하면 리스크가 크다. 특히 '회사가 가진 경험'을 정확히 파악하는 것이 매우 중요한데, 새롭게 시작하는 사업 분야에서 경영자나 의사 결정권자가 사업의 구조를 어느 정도 파악할 수 있고, 의사 결정이 어느 수준까지 가능한지 파악하는 것은 신사업 성패와 밀접한 관련이 있다.

둘째, '기존에 해왔던 방식대로' 신규 사업을 추진하는 경우다. 오래 일을 할수록 자신이 해왔던 업무 방식이나 관점을 바꾸기 어렵다. 업무 경험이 풍부하게 쌓인 임원진이나 사장은 물론이고, 회사에서 기존 업무를 진행해왔던 직원들도 마찬가지다. 특히 신사업을 위한 TF팀을 꾸릴 때, 기존 직원들의 업무에 신사업 추진을 얹는 방식으로 사업을 추진한다면, 기존 직원들은 당연히 본인의 원래 일을 우선순위로 두거나 본인이 일했던 방식대로 할 가능성이 크다.

그 밖에, 회사 내부적으로 신규 사업이 절실하지 않다고 느끼는 경우다. 현 사업이 그런대로 유지되고 있기 때문에 신사업 런칭이 현재 우선순위가 아닌 것이다. 이 경우, 빠르게 변화하는 시장이나 소비자의 트렌드를 민감하게 인지하는 경영자와 직원들의 관심이 필요하다.

따라서 신규 사업을 하기 위해서는 먼저 외부 환경을 분석하고, 내부 역량을 점검한 후 파일럿 단계부터 실행해야 한다. 신규 사업을 파일럿부터 시작해 단계별로 확장하는 이유는 사업을 추진하는 과정에서 꾸준히 회사의 역량을 고려해야 하며, 시장의 반응을 체크하고 검증하는 과정이 필요하기 때문이다. 그에 더해 외부 환경 변화에 대한 사장의 신규 사업 의지가 강하지만 회사 내부 역량 개선이 어려울 경우, 인수나 투자를 검토하는 방안도 고려할 만하다.

경영 위기에
착한 사장은 필요 없다!

회사의 매출이 매년 늘어나고 회사가 지속해서 성장한다면 더없이 좋다. 그러나 회사의 성장이 정체되거나 오히려 매출이 줄어드는 경우, 회사는 운영 규모를 축소할 수밖에 없다. 규모를 축소하는 한 가지 방법으로, 많은 회사가 인력 감축을 통한 인건비 절감을 시도한다.

A사의 경우, 주력 상품의 매출이 계속 줄어들고 있어서, 비용 절감이 불가피했다. 결국 A사는 가장 큰 비용을 차지하는 인건비 절감을 위해 감원을 결정했다.

한편, A사 사장에게는 고민이 있었다. A사 사장은 직원들에게 존경받는, 인자하고 너그러운 사장이기를 원했다. 적어도 그런 이미지를 유지하고 싶어 했으나, 공식적으로 감원이 시작될 경우, 직원들과의 갈등으로 자신의 이미지가 실추되는 것과, 더 나아가 감원 문제가 노사 갈등으로 번지게 될까 봐 걱정스러웠다. 그래서 이 회사의 사장이 택한 감원 방식은, 급여를 동결시키고, 직원이 자발적 퇴사를 하면 더 이상 충원하지 않는다는 것이다. 또한, 직원들이 이 계획을 알아차려 동요할 것을 우려해서 직원들과 감원 계획을 절대 공유하지 않도록 관리자들에게 입단속을 시켰다.

이후 A사에는 어떤 일이 발생했을까?

회사의 분위기는 점점 나빠졌다. 매출이 떨어지고, 비용도 줄이는 상황에서 직원들 사이에 인력 감축 계획에 관한 소문만 무성했다. 동료가 그만두면 내가 그 일까지 해야 한다는 부담감이 직원들 사이에 퍼졌다. 직원들의 우려는 현실로 드러났다. A사에서 일 잘하는 핵심 인재였던 갑동 씨는 다른 회사로 이직했고, 갑동 씨 다음으로 일 잘하는 을동 씨에게 갑동 씨가 했던 일이 얹어졌다. 회사 분위기도 안 좋은 상황에서 급여 동결에, 업무량까지 늘어난 을동 씨도 회사를 그만뒀다. 평소 그냥저냥 회사에 다니던 병동 씨가 그나마 경력자이니, 갑동 씨와 을동 씨의 업무는 병동 씨와 몇몇 신입사원에게 배분되었다. 이 회사의 핵심 업무는 제대로 실행되지 않았고, 딱히 이직 생각이 없는 병동 씨와 일부 직원들만 회사에서 근근이 버텼다.

착한 사장의 이러한 감원 방식은 인건비를 줄여 단기적으로는 비용을 절감할 수 있으나, 일 잘하는 핵심 인재들을 놓치고 만다. 성과를 내는 직원들이 없으니 주요 업무가 제대로 진행되지 못하고, 이는 곧 저조한 성과, 매출 감소, 회사의 저성장으로 이어진다. '그저 버티는 병동들'만 남은 회사는 혁신할 수 없는 고인 물이 되며, 회사를 활기 없고 단단한 고

인돌로 만든다. 결국 회사 존속을 위해 선택한 착한 사장의 인력 감축 방법이 장기적으로는 회사 상황을 악화시킨 것이다.

　불가피하게 회사가 감원해야 하는 상황이라면, 회사가 우선순위로 추진해야 하는 업무부터 검토해야 한다. 회사는 목표 일을 정해두고 업무의 우선순위와 업무량에 따라 조직을 재구성함과 동시에, 직원들이 동요하지 않도록 현 상황과 나아갈 방향에 대해 직원과 명확히 소통해야 한다. 이 과정에서 인력 감축에 따라 이직 및 퇴사하는 직원에 대한 배려도 잊지 말아야 한다. 위기 상황의 회사에 필요한 것은 착한 사장이 아니라, 위기에 적절하고 정확하게 대처하는 리더십이다.

퇴사, 회사와 직원이 헤어질 때
지켜야 할 이별 에티켓

'평생직장'이라는 말이 있었다. '직장이 주는 안정감, 소속감' 외에도 '회사에 충성도를 갖고 평생을 함께 일할 수 있다'라는 긍정적인 의미가 있는 말이었다. 그런데 요즘은 '평생직장' 대신 '평생직업'이라는 말이 대세다. 근속연수가 점점 짧아지고, 본인 분야에 전문성을 가진 프리랜서로 일하는 사람이 늘고 있다. 또한 시장 트렌드에 빠르게 반응해야 하는 업계일수록 직원의 입·퇴사가 활발하다.

회사와 직원은 계약에 의한 관계다. 그 기간이 짧든 길든 결국 헤어져야 하는 관계다. 직원이 더 나은 조건의 회사로 이직하거나 자기 계발이나 개인 사정으로 인한 퇴사도 있지만, 회사가 직원에게 먼저 계약 종료를 알려야 할 때도 있다. 회사의 계약 종료는 상당히 민감한 문제다. 계약 종료로 인해 직원과 회사가 입는 부수적인 피해를 예방하기 위해서는 고용에 대한 근로계약을 명확히 해야 한다. 또한 근로계약서에 다 담을 수 없는 조항은 사규·취업규칙 등의 사내 관리 규정에 반드시 기재해야 한다. 고용에 대한 부분을 명확히 성문화하고, 법과 규칙을 준수하는 것은 회사 운영의 기본이다.

회사가 경영 악화로 감원해야 하거나 직원이 회사와 무관하게 개인 사정으로 퇴사해야 할 경우를 제외하면 대부분 회사와 직원의 갈등으로 인한 자발적 퇴사, 권고사직이다. 그럼 회사의 입장에서 어떤 경우에 직원과 헤어져야 할까? 먼저 회사는 직원과의 갈등 유형 및 정도에 따라 해결에 최대한의 노력을 기울여야 한다. 이후 회사와 직원 간 합의점에 도달하지 못하거나, 상호 노력을 기울였음에도 갈등 해결이 불가능해지면 그때 회사는 최후의 수단으로 직원과의 계약 종료를 결정해야 한다.

갈등 유형 1 – 업무의 매너리즘과 낮은 성과

회사는 이익 창출이 목적인 집단이다. 따라서 근무 시간 동안 회사의 구성원인 직원은 조직의 이익과 성장을 목적으로 일해야 한다. 그러나 업무가 반복되다 보면, 직원도 매너리즘에 빠질 수 있다. 직원 개인이 업무 매너리즘에 빠지면, 먼저 개인적인 차원에서 매너리즘을 극복하기 위한 노력을 시작할 필요가 있다. 그런데 개인 차원에서 극복이 어려울 경우, 회사가 개입해 직원을 동기 부여하는 시도가 필요하다. 이를테면 회사의 목표와 비전을 공유하거나, 매너리즘을 극복하기 위한 새로운 프로젝트, 업무 재배치, 교육, 업무 순환 등이 그 방법이다.

만약 직원도 회사도 업무 매너리즘을 극복하기 위한 노력을 하지 않는다면, 이는 직원 개인의 성과 하락뿐만 아니라 팀의 업무 분위기나 성과에 영향을 미친다. 결국 회사 전체의 업무 저성과로 이어질 수도 있다. 이 상황이 오래가고, 회사가 갈등 해결을 위한 모든 수단을 동원했음에도 불구하고 매너리즘 극복의 의지가 없을 경우, 회사와 직원은 헤어져야 할 때다.

갈등 유형 2 – 회사의 방향, 의사 결정에 반대만 외칠 때

중소 규모의 작은 조직은 직원 개인의 의견이 조직 전체의 프로젝트, 방향성에 더 잘 반영된다는 것이 장점이다. 회사의 방향에 이견이 있을 경우, 객관적이고 수치화된 근거를 들어 조직의 성장에 도움이 되는 대안을 제시하면 직원의 의견이 반영되기도 한다. 하지만 회사의 의사 결정을 거부하며, 깊은 고민보다는 감정이 앞서 '반대'만 외치는 직원도 있다. 이는 조직 전체에 나쁜 영향력을 전파해 팀워크를 저해한다.

회사는 구성원이 이익 창출을 위해 공통된 목표, 비전, 방향성을 가지고 일하는 집단이다. 따라서 이 경우, 회사는 반대를 외치는 직원과 회사가 나아가고자 하는 지향점을 명확하게 공유하려고 노력해야 한다. 회사에서는 팀워크와 협업이 가장 중요하다. 타당하고 합리적인 근거 없이 반대를 외치는 직원은 다른 직원에게까지 반대를 전파해 회사와 반대 방향에서 맞서기도 한다.

회사와 직원이 회사 방향과 정책에 이견을 보여 해결점을 찾지 못하는 시간이 길어진다면, 점점 단합과는 거리가 먼 조직 문화가 형성될 수 있다. 이 경우 회사는 반대를 외치는 직원과는 헤어져야 할 때다.

갈등 유형 3 – 다른 직원과의 불화

회사의 크고 작은 규모와 관계없이 직원들 사이에 불화는 어디에나 존재한다. 개인의 다름을 인정해 강점으로 활용하는 탁월한 리더십이 있다. 그러나 업무에 대한 열정이 갈등으로 나타나는 경우가 허다하다. 원만한 인간관계를 위한 직원 개인의 노력이 먼저 필요하겠지만, 회사도 직원 간의 갈등 조정이나 해결을 위해 노력해야 한다.

팀장과 팀원, 동료, 때로는 부서장과의 대화를 통해 문제점을 찾아 해결을 유도하거나 직원의 업무 재배치, 부서의 이동 등을 고려할 수도 있다. 업무에서 발생하는 직원 간의 갈등이 해결되지 않는다면, 상대적으로 업무 시너지가 더 잘 나는 직원들끼리 팀 구성을 고민해볼 수도 있다. 때로는 '다른 직원과 불화가 많은 직원'의 문제를 '조직의 문제가 아닌 개인의 문제'로 치부할 수도 있다. 특히 항상 갈등을 조장하는 직원이 좋은 성과를 기록하거나, 회사 성장에 기여하는 직원인 경우, 회사는 이 직원의 문제를 갈등으로 보지 않고 외면할 때도 있다.

이런 직원과의 문제 해결을 회사가 적극적으로 노력하지 않는다면, 회사는 팀워크 면에서 약점을 지닌다. 팀워크가 부족한 회사는 위기가 닥쳤을 때, 여러 팀이 협업해 큰 프로젝트를 수행해야 할 때, 조직이 꾸준히 성장해야 할 때 제대로 된 역량을 발휘하기 힘들며 결국 좋은 성과를 내지 못한다.

냉정하지만 회사와 직원은 계약으로 맺어진 관계이기 때문에 언젠가는 헤어진다. 직원은 안정성과 급여, 자아실현을 보장해주는 회사와 계약이 종료되는 것이 아쉽다. 회사도 성장을 이끌어갈 좋은 역량의 직원을 잃는다는 점에서 아쉽기는 마찬가지다. 중요한 점은 회사와 직원이 헤어질 때 서로 최소한의 에티켓을 지키는 것이다.

직원은 퇴사로 인한 업무 공백을 최소화하는 데 협조해야 한다. 완벽한 회사와 완벽한 직원은 없다. 아쉽거나 부족한 점이 많더라도 본인이 근무했던 회사에 대한 비방이나 부정적 이야기를 지양하는 성숙함이 필요하다. 회사는 직원과의 갈등 정도가 심해지기 전에 의지를 갖고 적극적인 해결방안을 시도해야 한다. 특히 전문성과 역량을 가진 인사담당자를 중심으로 직원과의 문제를 해결하고, 직원과 함께 일하려는 최대한의 노력을 기울여야 한다. 회사 입장에서 직원의 이탈과 충원은 결국 비용의 증가로 이어지며, 일 잘하는 직원의 이탈은 엄청난 손실이라는 점을 꼭 기억해야 한다.

회사마다 제각각의 다양한 갈등이 있다. 어떻게 보면 회사와 직원은 '헤어지지 않기 위해 상호가 노력할 것', '갈등이 생기면 단계별로 서로 적절한 해결책을 찾아볼 것', '그런데도 헤어져야 한다면 이별의 에티켓을 지킬 것', 이 세 가지 큰 흐름에 맞춰가고 있는 계약 결혼 당사자 같은 관계가 아닐까.

위기 상황 속 필요한 것, 변하지 않는 것

어떤 상황에도 흔들리지 않는 유연한 리더십

코로나19 위기를 겪고 난 후, 우리 일상에는 많은 변화가 생겨났고, 회사 풍경 또한 달라졌다. 전보다 유연근무제와 재택근무를 시행하는 회사가 많아졌고, 이에 맞춰 장소와 관계없이 업무에 사용할 수 있는 다양한 툴의 수요도 증가했다. 화상회의부터 온라인 커뮤니케이션, 자료 아카이브, 업무 분담과 마감기한을 체크하는 툴까지, 회사와 업무 분야마다 사용하는 툴도 다양하다.

이렇게 외부 환경이 극심하게 변할 경우, 조직에는 업무 방식의 변화뿐만이 아니라 '유연한 리더십'이 필요하다. 유연한 리더십이란, 변화하는 외부 환경에도 조직 전체가 목표를 달성할 수 있도록 하는 리더십을 의미한다. 시대와 시장의 흐름을 읽고, 회사에 적합한 업무 방식을 모색하며, 직원의 요구를 융통성 있게 수용하는 데에서 유연한 리더십이 나온다.

한편 환경이 변해도 변하지 않는 것이 있다. 바로 '효율성'이다. 효율성은 최소한의 자원을 투입하면서 조직이 설정한 목표, 또는 최대한의 성과를 내는 것이다. 재택근무, 모바일 오피스를 시행하면서 다양한 온라인 협업 툴을 사용하는 목적도 '업무 효율성'을 추구하기 위함이다. 코로나19 위기처럼 조직 운영에 큰 영향을 끼치는 외부요인이 생길 때, '유연한 리더십'을 발휘하거나 '효율성'을 얻을 방법은 무엇이 있을까?

최근 K사 사장은 일부 부서의 재택근무에 관해 고민을 해왔다. 직원 수가 증가할 때마다 업무공간이 더 필요했기에 지속해서 사무실 확장을 해야 했다. 이번에도 유능한 인재의 원활한 채용을 위해 높은 임대료의 역세권으로 사무실 이전을 계획했다. 이런 와중에 그동안 K사 성장에 많은 기여를 했던 직원 중 먼 곳으로 이사하면서 출퇴근이 어려운 직원이 생겼다. 또 신규 프로젝트가 진행되면서 해외 현지 시간대에 맞춰 업무가 가능한 직원도 채용해야 했다.

사장이 재택근무 시행 여부를 결정하기 전 코로나19 위기가 터졌다. 다행히 K사 업종은 비교적 큰 타격이 없지만, 올해 설정한 목표를 달성할 수 있을지는 미지수였다. '무급휴직', '급여 삭감', '매출 90% 감소' 등 연일 터지는 뉴스도 회사 분위기를 흉흉하게 했다.

사장은 빠르게 긴급회의를 열어 재택근무를 실행에 옮기기로 했다. 일부 직원은 '집보다 사무실에서 일하는 것이 더 효율적이다', '재택할 경우 업무 시 소통이 어렵다' 등의 이유로 반대했지만, 사장은 평소 고민했던 재택근무 제도를 시범 시행하기로 했다. 재택근무 시행에 앞서 사장이 준비했던 일은 크게 두 가지다.

먼저, 그동안 조사해왔던 자사에 적합한 온라인 협업 툴이나 보안 관련 정보 접근 툴을 전 직원에게 배포했다. 그리고 사무실에서 마치 재택근무를 하는 것과 동일한 형태로 온라인 협업 툴을 사용하면서 일하게 했다. 이 시뮬레이션을 통해 직원들이 온라인 툴을 익숙하게 쓸 수 있는 것뿐만 아니라, 재택근무 시의 장단점을 사전에 파악하면서 문제점을 보강할 수 있기 위함이다. 그리고 팀별·개인별 목표 관리 방안을 재점검했다. 목표 달성을 위한 실행 방안이 구체화되어 있는지, 온라인 업무 시에 조정되어야 할 부분이 있는지, 성과 관리 시스템이 현 상황에 적합한지 등의 '업무 효율성'이 우선순위가 되도록 재편했다.

그렇게 재택근무를 시행한 지 두 달이 지난 후, K사는 어떻게 일하고 있을까? 재택근무 사전 시뮬레이션을 통해 사무실 근무가 불가피한 팀을 제외하고, 대부분의 직원이 재택근무를 하고 있다. 재택근무에 대한 직원들의 만족도가 높아졌음은 물론, 전 직원이 보다 효율적으로 일하게 되었다. 아직 위기 상황이라 올해 목표를 달성할지는 불확실하나, 연간 목표 달성을 위해 분기별로 해야 할 업무들이 오히려 이전보다 잘 관리되고 있었다.

예상치 못한 외부 요인에 결정적으로 업무 환경이 바뀌었지만, K사가 효율적으로 일할 수 있게 된 몇 가지 이유가 있다.

첫째, 목표를 잘게 쪼개어 관리하기 시작했다. 외부 환경 변화와 재택근무라는 업무 방식 변화에 따라 K사의 모든 팀은 연·분기별 목표를 월, 주 단위로 쪼갰다. 목표 대비 성과를 쪼개어보면서 환경에 영향을 받는 성과와 영향을 받지 않는 성과를 수월하게 파악했고, 어떤 부분에 선택과 집중을 해야 할지가 명확해졌다.

둘째, 협업 미팅을 자주, 짧게 진행했다. 목표를 잘게 쪼개어 관리하다 보니 직원들 간의 협업 미팅이 더 늘어난 것이다. 메신저로 소통하며 회의 안건의 사전 공유 등 명확한 목적으로 제한된 시간 내에 진행하는 화상회의는, 오프라인 회의보다 더 효율적이었다. 온라인 화상회의에서는 업무 결과, 상황 모니터링, 다음 목표 및 관리 방안 등의 핵심 내용만 나눈다.

셋째, 성과 중심적 관리와 효율성을 추구하는 방안이 강화되면서 온라인 업무 현장에서는 업무 외의 요인들에 덜 신경쓰고, 목표 달성·마감·기한 준수 등이 우선순위로 추구되었다. 온라인 협업 툴을 이용한 재택근무를 하는 동안 사장 눈에 보이지 않았던 점도 보였다. 성실하지만 비효율적으로 일하거나 적절하지 않은 방식으로 일하며 성과가 낮았던 팀, 책임감이나 능동적인 업무 태도가 부족한 팀이 드러나면서 이를 위해 필요한 교육 등을 준비할 수 있었다.

재택근무를 장기적으로 시행하게 되면서 K사 인재상에는 '자기 주도적으로 일하는 사람', '능동적으로 실행하는 사람'이 추가되었다. K사는 인재 채용에서 업무 장소에 제한을 두지 않는 대신, 맡은 업무에 책임감을 가지고 성과를 낼 수 있는 사람 위주의 채용을 하기로 했다.

K사의 사례는 조직 운영에 큰 영향을 주는 외부 요인이 생겼을 때 유연한 리더십이 필요하며, 환경이 바뀌어도 효율성을 추구하는 방식으로 일해야 한다는 것을 시사한다. 유연한 리더십은 조직 전체가 환경으로부터 덜 영향을 받고, 명확하게 설정된 목표를 달성할 수 있는 방향을 제시한다. 효율성이 중심에 있는 조직은 전과 다른 환경에 놓이더라도 목표 달성을 위한 실행 역량을 가진다.

우리를 휩쓸고 간 코로나19는 여러 분야의 기업과 모든 사회 구성원들의 일상에 큰 피해를 줬다. 외부요인에 충분히 대응할 수 있는 역량을 보유한 기업도 피해가 막심했다. 현실적으로 코로나19 위기 같은 재난에서 유연한 리더십과 효율성이 만능 해결책이 될 수는 없을 것이다.

그러나 이런 위기를 경험한 조직이 '앞으로 우리 회사에 큰 영향을 주는 외부 요인이 발생할 경우 어떻게 대처할 것인가'라는 물음을 가진다면, 유연한 리더십으로 명확한 목표와 방향을 제시하고, 업무 환경이 변하더라도 항상 효율성을 중심에 두고 일하는 방식이 도움된다고 제안하고 싶다.

Chapter 06

사장과 직원 모두가
행복한 회사 만들기

일 잘하는 회사를 위한
사장님의 응급처치

"좋은 회사를 만들기가 참 어렵습니다."

많은 사장님들이 고민하는 부분이다. 좋은 회사란, 어떤 회사일까?

지난 30년간 회사 생활을 하며 종종 직원들이 생각하는 '좋은 회사'란 어떤 회사인지 물었다. 그랬더니 공통으로 두 가지 답변을 가장 많이 했다.

첫째, 만족할 만한 수준의 급여와 복지가 보장되는 회사, 둘째, 일을 통한 자아 성취가 가능한 회사였다.

먼저 급여와 복지는 회사의 규모, 재무 상황 등을 고려해야 하는 등 단기간 내에 마련되기 어려울 수 있다. 그러나 일을 통한 자아 성취는 직원이 일하면서 존중받고 인정받을 때 얻을 수 있다. 경우에 따라 회사는 직원이 만족할 수준의 급여와 복지를 보장해주는 것보다 빠르게 직원이 일을 통해 자아 성취감을 느낄 수 있도록 도와줄 수 있다.

직원의 자아 성취는 회사가 직원 개개인을 인격적으로 존중하는 것부터 시작한다. 직원은 본인이 한 업무에 대해 적절한 격려와 칭찬을 받을 때 업무 의욕과 성취감을 느끼고, 나아가 '나는 열심히 일하는 만큼 인정받는 좋은 회사에서 일하고 있다'라고 생각한다.

다음 G사의 사례를 통해 G사가 좋은 회사가 되기 위해 당장 실천할 수 있는 점이 무엇인지 함께 고민해보자.

"사장님, 안녕하세요? 좋은 아침입니다!"
G사에서 근무한 지 2년 차인 마케팅팀 마 과장은 아침 출근길에 사장님을 만났다. 요즘 고객사의 컴플레인으로 사장님이 부쩍 다운되어 있다는 소식을 들었기 때문에 마 과장은 더욱 힘차게 사장님께 아침 인사를 드렸다.
"어…."
그런데 사장님의 반응에 마 과장은 힘이 쭉 빠졌다. 사장님이 눈도 마주치지 않고, 인사도 받는 둥 마는 둥 하며 엘리베이터를 타고 올라가셨기 때문이다. 아침 출근길부터 마 과장은 파이팅하며 열심히 일할 생각이 반감되었다. 사실 사장은 출근길부터 컴플레인을 건 고객사와의 오후 미팅 생각에 온 정신을 쏟고 있었다.

"사장님, 요청하신 자료입니다. 검토 부탁드립니다."
오전 11시, 마 과장은 긴장한 채 사장실 문을 두드렸다. 사장님은 오후 고객사 미팅을 위해 마 과장에게 추가 자료를 요청하고 기다리고 있었다. 마 과장은 출근길에 느꼈던 서운함을 뒤로하고, 가능한 한 빨리 최선의 자료를 만들어 사장님께 드렸다.

"30분 후에 기획팀과 같이 미팅 좀 합시다. 그리고 영업팀에 이야기해서 어제 요청했던 추가 자료 좀 갖고 오라고 하고…."

사장실을 나오며 마과장은 또 기분이 상했다. 출근하자마자 모든 업무를 미룬 채 사장님의 요청자료를 먼저 만들어드렸는데, 사장님은 자료 검토를 하는 동안 단 한 번도 마 과장을 쳐다보지도 않았기 때문이다. 고생했다는 말을 듣기는커녕 투명 인간 취급을 당한 것 같아 다소 섭섭했다. 그러나 마 과장은 감정을 가라앉히고, 영업팀에 사장님 요청사항을 전달했다. 마침, 영업팀 담당자의 급한 외근으로 마 과장이 대신 영업팀 자료를 사장님께 갖다 드렸다.

"아니, 여기 이런 부분이 있는데, 당연히 고객이 컴플레인을 하지 않겠어? 그동안 일을 계속 이런 방식으로 했던 거야? 이 부분이 문제가 될 거라는 것은 생각도 못 했나?"

11시 30분, 마 과장은 외근 중인 영업팀 담당자를 대신해 자료를 전달한 것뿐인데, 화가 난 사장님께 큰소리를 듣고 있었다. 사장님은 영업팀 자료를 검토하던 중 중대한 실수를 발견했고, 오후에 있을 고객 미팅에 대한 압박감 때문에 화를 참지 못하고 호통을 쳤다.

"…그래서, 이 부분을 더 강조해서…."
"김 대리, 아까 이야기했던 그 부분은 문제없나?"
미팅 시작 전, 단지 자료만 전달했을 뿐인데, 본인과 상관없는 자료로 큰소리를 들은 마 과장은 잔뜩 풀이 죽어 있었다. 마 과장은 마음을 가다듬고, 고객 컴플레인 관련 마케팅 제안을 힘주어 브리핑하는데, 사장님은 마 과장의 말을 자르고, 다른 팀에게 질문을 던졌다. 브리핑을 듣는 도중 사장님의 머릿속에 고객의 컴플레인 관련 대응 방안이 떠올랐고, 관련 부분을 담당자에게 즉시 확인하고 싶었다. 본인 말을 자르고 다른 직원에게 질문을 던진 사장님께 마 과장은 또 한 번 기분이 상하면서 '이쯤 되면 혹시 사장님이 개인적으로 나를 싫어하나'라는 생각까지 했다.

오후 6시, 며칠 내내 회사를 괴롭게 했던 고객사 컴플레인 미팅은 끝났다. 회사 전 부서의 노력 덕분으로 문제는 원만하게 해결되었고, 사장님은 특별 회식을 제안했다.

출근할 때부터 내내 마음이 상했던 마 과장은 회식 자리에서 일부러 사장님을 피해 멀찍이 앉았다. 마 과장은 회식 내내 격려 한마디 없는 사장님에게 많은 서운함을 느꼈고, 사장님이 특별히 제안한 회식 자리도 즐겁지 않았다.

그러다 이 회식 자리에서 마 과장의 감정은 결정적으로 폭발했다. G사에서 2년째 일하고 있는데도, 사장님이 마 과장의 이름을 제대로 기억하지 못하고 있는 것이다. 마과장은 성실한 근무 태도와 업무 실적으로 동료들에게도 인정받는 사람이다. 아무리 직원들의 이름을 잘 못 외우는 사장님이라도 마 과장의 이름을 헷갈리는 것은 직원들에게도 실망이었다. 마 과장은 회식 자리에서 사장님의 '수고했다'라는 말을 듣지 못한 것도 서운했는데, 이름까지 잘못 불리게 되면서 회사에 대한 애정이 뚝 떨어지는 것을 느꼈다.

긴 하루를 마치고 퇴근하는 마 과장은 본인이 근무하는 G사를 좋은 회사라고 생각할까? 급여와 복지가 나쁘지 않다고 하더라도, 사장님에게 무시당하고 있다고 생각할 수 있는 상황이 반복되면, G사는 자신과 맞지 않는 회사라고 생각할 수 있다. 일을 통한 자아실현을 할 수 없기 때문이다.

직원들에게 좋은 회사가 되기 위해서 선행되어야 하는 것이 있다. 바로 '사장님의 응급처치'다. 응급처치는 어떤 상처에 '최소한의 즉각적인' 치료를 하는 것이다. 사장님의 응급처치란, 직원들의 근로의욕과 자아성취감을 위해 사장님이 할 수 있는 '간단하고 즉각적인' 방법을 의미한다. 심지어 사장님의 응급처치는 돈도 들지 않는다.

직원들에게 '좋은 회사', 프로일잘러들에게 '일하고 싶은 회사'로 만드는 간단한 세 가지 응급처치를 사장님들께 공유한다.

직원이 일하고 싶은 회사로 만드는 응급처치

첫째, 직원들과 눈 마주치고 인사하기다. 회사에서 직원들의 자아 성취감을 높여주는 첫걸음은, 직원들을 인격적으로 대우하고 존중하는 것이다. 사장님에게 긴장하는 마음으로 인사하는 직원들에게 눈을 맞추고, 인사에 화답하는 것은 매우 간단하지만, 직원들로 하여금 존중받는다는 느낌이 들게 하는 중요한 방법이다.

둘째, 직원들의 이름 외우기다. 물론 '이름 외우기'에 약하거나 이름을 헷갈리는 사람들도 있다. 그러나 사장님의 '이름 외우기'는 '전철역 틀리지 않고 이름 외우기'와는 전혀 다른 문제다. 정확하게 모든 직원의 이름을 외우는 것 자체가 중요하기보다는 우리 회사 직원들을 향해 사장인 내가 늘 애정과 관심을 가지고 있다는 표현을 하는 데 의미가 있다. 만약 사장님이 직접 컨택하는 직원들의 이름을 기억하고 불러준다면, 직원들은 사장님과 더욱 열린 마음으로 소통할 수 있다.

셋째, 칭찬하고 격려해주기다. 영어권에서 'thank you'라는 표현이 말끝마다 자주 사용되듯, 직원의 사소하고 작은 수고에도 사장님의 칭찬과 격려의 '표현'이 필요하다. 특히 직원의 작은 노력에는 격려의 말 한마디를 그 자리에서 즉시 해주는 것, 특정 직원이나 부서가 주목할 만한 업무 성과나 큰 프로젝트의 결실을 기록했다면, 꼭 전체 직원들이 모이는 자리에서 공적으로 칭찬하고 축하하는 사장님의 센스가 필요하다.

사장님의 칭찬과 격려가 효과적이기 위해서는 반드시 적절한 시기와 장소에 해야 한다. 예를 들어, 큰 프로젝트에서 업무 성과를 낸 직원에게 사장님이 화장실에서 마주쳤을 때 손 씻으면서 '이번에 자네 아주 잘했어'라고 칭찬하는 것은 당연히 효과가 떨어진다. 칭찬과 격려에도 효과를 발휘할 만한 시기와 장소가 있다. 또한 업무에 관한 한 사장님의 칭찬과 격려는 구체적이어야 한다. 누가, 어떤 팀이, 어떤 결과를 냈기 때문에 칭찬하고 격려한다고 정확하게 언급해야 한다. 특히 성과금이나 복지를 마련할 규모가 아직 안 되는 회사일수록 사장님의 칭찬과 격려가 중요한데, 직원은 사장님의 말 한마디로 회사에서 인정받고 존중받는다고 생각할 수 있다.

사장님은 회사의 문화와 분위기를 만드는 핵심적인 위치에 있다. 사장님이 직원들에게 늘 눈 맞추고 웃으며 인사하고, 이름을 부르며 소통하고, 작은 일에도 칭찬하고 격려를 한다면, 부서장들도 사장님을 따라 본인 팀원의 자아 성취감과 근로의욕 향상에 기여하게 된다. 즉, 사장님이 솔선수범할 때 궁극적으로 '좋은 회사'의 분위기와 문화가 형성되는 것이다. 비용 없이 내 회사를 '좋은 회사'로 만드는 법. 내일 출근길에 간단한 방법부터 실천해보는 것은 어떨까?

참 안 맞는 리더와 팀원,
원 팀으로 일하기

"그 업무는 제가 맡기 어려울 것 같습니다."

N대리는 S팀장의 의견에 또 반기를 들었다. S팀장은 새로 입사한 N대리 때문에 요즘 골치가 아프다. 수평적인 조직 문화를 자랑하는 회사지만, N대리는 대표와의 회의에서도 거침없이 'NO'를 외치는가 하면, 직급과 관계없이 자신의 의견을 공격적으로 제시하기도 한다. S팀장은 '동료, 사수에게 배려 없는 태도'를 가장 싫어한다.

S팀장이 맡은 이번 프로젝트에는 다른 직원들을 지원하는 일이 있다. 누구나 할 수 있지만, 소위 '잡무'라고 여겨져 팀원들이 반가워하지 않는다. 그런데 팀원 간 역할 분배를 하다 보니 입사한 지 얼마 안 된 N대리 역할이 애매했고, 결국 S팀장은 그에게 지원 업무를 맡기게 되었다. 그러자 회의 중 N대리는 모든 팀원 앞에서 해당 업무를 맡기 싫다고 이야기한 것이다.

저녁 8시, S팀장은 야근하던 중 N대리에게 전화를 걸었다. 회의 중 불편함을 보인 그의 기분을 풀어줘야, 팀워크를 해치거나 프로젝트 진행에 문제가 되는 행동을 하지 않을 거라 생각했다. 하지만 N대리는 전화를 받지 않았고, 잠시 통화가 가능한지 메시지를 남겼으나 읽기만 할 뿐, 답장이 오지 않았다.

다음 날, N대리는 출근길부터 기분이 좋지 않았다. '퇴근 후 연락하는 상사'는 최악이라 생각했는데, S팀장이 어젯밤 또 부재중 전화와 메시지까지 남겨놓은 것이다. N대리는 S팀장에게 불만이 많이 쌓여 있었다. 열심히 작업한 결과물에 대해 피드백은 주지 않고, 프로젝트 역할을 팀과 상의 없이 본인 혼자 정한 후 지원 업무를 맡으라고 통보하며, 심지어 종종 퇴근 후 연락까지 하기 때문이다.

그날 점심, S팀장은 N대리를 불러 같이 밥을 먹었다. S팀장은 밥을 사주며 N대리와 대화하려 노력했고, 이번 프로젝트에서 지원 업무를 맡기게 된 이유를 설명하며 설득했다. 반면 N대리는 점심시간 동안 팀원을 불러 놓고 자기 이야기만 하는 S팀장이 이해되지 않았다. 업무 중 어려운 점은 없는지 물어봐주길 기대했는데, 결국 점심 시간 내내 팀장 이야기만 듣다가 온 것이다. N대리는 다음에 S팀장이 밥 먹자고 제안한다면 꼭 핑계를 대고 거절해야겠다고 생각했다.

S팀장은 나름대로 일도 잘하고 성과도 잘 낸다고 인정받는 리더다. 따라서 리더로서 자신의 판단과 행동이 옳다고 믿는다. 직장생활을 오래

하며 자신의 사수, 팀원에게 항상 예를 갖추며 일했다고 생각하고, 동료들과 원만한 관계로 팀워크에도 기여한다는 자부심도 있다. 그런데 아무리 노력해도 N대리와는 가깝게 일하기 어렵다. 리더와 동료들에 대한 배려가 부족한 N대리가 회사의 조직 문화와 맞지 않고, 팀워크를 해친다고 생각한다.

한편 N대리 역시 일 잘한다는 소리를 들어왔다. 전 직장에서는 중간 관리자의 업무를 맡아 진행하기도 했다. 종종 리더에게 '공과 사를 너무 칼같이 분리한다', '인간관계도 회사 일이다, 팀워크나 관계에 좀 더 신경 써라'라는 조언을 들어왔지만, 맡은 일을 책임감 있게 하고, 좋은 성과를 내기 때문에 인정받았다. 하지만 N대리는 의사 표현이 전보다 더 날카로워지고, 회사에 대한 불만이 늘어갔다. 특히 업무에 대해 피드백도 주지 않으면서 자신의 역량을 과소평가하고 잡무만 맡기는 듯한 S팀장에게 늘 화가 났다.

일할 때 팀워크가 중요하다는 것은 S팀장, N대리, 우리 모두 동의한다. 하지만 회사에서 가장 어려운 것은 '일'이 아니라 '사람'이라고 하듯, 정말 안 맞는 사수, 팀원, 동료와 한 팀이 되어 일해야 할 때의 고충은 어마어마하다. 불편한 관계가 지속되면 업무에 지장을 주고, 팀워크를 형성하기 어려우며, 결국 팀과 조직 전체에 좋은 성과를 내기 어렵다. 퇴사하는 직원이 생기거나 팀원 간 갈등을 줄이기 위해 조직 배치, 업무와 역할에 많은 에너지를 쏟아야 할 경우를 고려하면 '직원 간의 불편한 관계'를 해소하는 데 리더는 많은 비용과 시간을 들여야 한다.

참 안 맞는 직원과 리더가
한 팀으로 일할 수 있는 방법은 없을까?

N대리와 S팀장은 '일로 만난 사이'다. 성향이나 성격 차이까지 맞춰야 하는 친구, 애인 사이가 아니다. 따라서 '참 안 맞는 직원들끼리 한 팀으로 일하기' 위한 가장 효율적이고 현실적인 방법은 서로 '업무적인 신뢰'를 형성하는 것이다. 즉, 나와 상대방은 성격도 다르고, 가깝게 지내기 어려운 사이라는 것을 상호 인정하지만, 우리는 일할 때만큼은 서로 존중하고, 상대방이 맡은 일에 대해 최선을 다하고, 최고의 성과를 낼 것이라는 믿음을 가지는 것이다.

상대방의 선을 정확히 파악하기

회사 생활에서는 '선을 넘지 않는 것'이 중요하다. 조직 구성원으로서 우리는 대인 관계와 팀워크의 중요성을 잘 알기 때문에, 최대한 갈등을 만들지 않기 위해 노력한다. 그러나 잘 맞지 않는 리더 또는 팀원이 가장 예민해하는 지점들을 계속 건드리게 되면, 즉 선을 넘게 되면 서로 갈등이 폭발하게 된다.

업무적인 신뢰를 형성하기 위한 기본적인 방법 중 하나는, 상대방의 선을 정확히 파악하는 것이다. 만약 N대리와 S팀장처럼 직급이 다를 경우, 리더가 먼저 잘 안 맞는 직원에게 '리더로서 내가 지켜줘야 할 선'을 물어보고, 리더 본인의 선을 팀원에게 정확히 이야기하는 것이 갈등을 예방할 수 있는 좋은 방법이다.

상대방이 원하는 것을 물어보고, 듣기

N대리는 팀장의 피드백을 원했다. S팀장은 N대리가 '동료, 팀장에게 배려심 있는 태도'를 보이길 원했다. 하지만 서로 원하는 것을 물어보고 들을 기회가 없었기 때문에 오해가 쌓이거나 갈등이 깊어지는 부정적인 결과를 낳았다.

잘 맞지 않는 직원들끼리의 사소한 오해는 더 큰 갈등을 야기할 수 있다. 상대방의 입장에서 이해하고자 하는 노력을 하기 더 어렵기 때문이다. 따라서 리더가 자리를 마련해 팀원이 원하는 것을 솔직하게 물어보고, 듣는 자리가 필요하다. 먼저 물어보고 들어야, 리더 본인이 원하는 것도 팀원에게 이야기할 수 있다. 서로 맞지 않는 직원들끼리 업무적인 신뢰를 형성하기 위해서는 상대방이 원하는 것을 물어보고 듣는 과정이 필수다.

업무적으로 상호 존중하기

조직을 관리하는 리더의 입장에서는 한 팀에 '상호 보완할 수 있는' 직원들을 배치하는 것이 전략이다. 즉, 함께 일하는 직원들은 나와 모두 다르고, 나의 단점을 장점으로 가지고 있는 파트너인 것이다. 따라서 내 동료, 리더, 팀원 모두 나와 성향, 업무 스타일이 다르다는 것을 인정하고, 존중해야 한다. 상호 존중을 바탕으로 업무적인 신뢰가 쌓인다면, '일하는 스타일, 팀원마다의 강점이 모두 다르지만, 어떤 업무를 맡았을 때 내 팀원, 동료, 리더가 책임감 있게 일하고, 성과를 낼 것'이라는 믿음, 팀워크가 생길 수 있다.

잘 안 맞는 팀원과 리더가 함께 일하기는 참 어려운 과제다. 하지만 업무적인 신뢰를 형성하는 것부터 시작해보면 어떨까?

직원이 뒷담화하는 것을
알았다면

로빈은 일에 대한 열정과 추진력도 있고, 회사 사람들과도 잘 어울린다. 대표 앞에서 늘 상냥하고 싹싹하며, 경력이 적은 직원들은 그를 잘 따르고 조언도 자주 구한다. 그러나 대표는 로빈이 사석에서 자신의 험담을 한다는 제보를 받은 적이 있기 때문에, 속으로는 로빈이 썩 내키지 않는다. 다만 다양한 생각을 가진 젊은 직원들을 잘 통솔하며 업무 성과를 내고 있기 때문에 로빈이 자신을 뒷담화하는 것을 모른 척하고 지낼 뿐이다.

최근 대표는 한 직원으로부터 로빈이 사석에서 대표가 하려는 중요한 일에 대해 거부하자는 여론몰이를 할 뿐만 아니라 대표 의견은 무조건 거르자고 했다는 이야기를 들었다. 이 직원은 대표에게 자신이 정보 제공자임을 밝히지 말라며 간곡히 부탁했다. 왜냐하면 이 이야기를 대표에게 말할 사람은 자신뿐인 것을 로빈이 분명 알 것이며, 조직 내에서의 로

빈의 영향력을 알고 있기 때문에 결국 자신이 조직에서 왕따가 되어 퇴사를 고민할지도 모르는 상황을 막아달라는 것이었다.

대표는 로빈을 어떻게 해야 할지 고민했다. 여러 직원이 모인 자리에서 대표인 자신을 험담하고 부정적인 분위기를 조장하는 로빈이 괘씸했지만, 한편으로는 로빈이 한 행동들을 따져 묻기에 근거도 부족하고, 제보한 직원의 간곡한 요청도 있어 바로 로빈을 문책하기는 망설여졌다.

그러나 대표가 가장 갈등하는 지점은, 만약 이 문제가 잘 해결되지 않아 로빈이 퇴사라도 한다면, 당장 성과에 지장이 있을 뿐만 아니라 로빈이 잘 통솔했던 직원들 사이에 동요가 생기고 회사 입장에서는 곧 진행될 중요한 프로젝트에 차질이 생길 수 있다는 점이었다. 로빈과 같이 일하는 게 영 불편하고 불안했지만, 일단 대표는 로빈과의 문제를 또 모른 척하기로 했다.

이 사례에서 '대표의 모른 척'은 분명하게 드러난 조직의 문제를 더 크게 키울 수도 있다. 이미 발견되었으나 적시에 해결하지 않은 조직의 문제는 서서히 커질 뿐이다. 직원이 다른 사람들에게 대표의 뒷담화를 하고 다닌다는 것은 직원이 대표를 어떤 면에서든 신뢰하지 않는다는 것이다. 조직 구성원들과 신뢰를 형성하기 위해 어떤 일을 해야 할지 고민하며 신뢰를 쌓기 위해 노력하는 것이 리더의 역할이다. 그런데 신뢰의 균열이 가는 문제를 알고도 묵인하거나 방임하는 것은, 리더로서 직무를 수행하지 않는 것이다.

만약 직원이 내 뒷담화를 하는 것을 알게 되었다면, 리더는 어떻게 대처해야 할까?

첫째, 회피하지 말고 직면해야 한다.

'시작이 반'이라는 말처럼, 가장 피하고 싶을 때 그 문제에 직면한다면 해결점에 좀 더 빠르게 다가갈 수 있다. 서로가 '윈윈(win-win)'하는 해결을 위해서는, 먼저 리더 스스로 자신이 어떤 사람인지에 대한 인식과 벌어진 문제에 대한 충분한 사전 성찰이 필요하다. 이후 리더의 질문 스킬을 발휘해서 해당 직원의 생각을 충분히 듣는 것부터 시작해야 한다.

대화의 목적이 문제 발생의 원인 찾기가 된다면, 자칫 직원에 대한 질책 혹은 리더에 대한 원망의 대화가 될 수 있다. 따라서, 직원, 리더, 회사 모두가 윈윈하기 위한 해결안 찾기가 대화의 목적이라는 것을 먼저 명확히 하고 소통한다면, 문제의 원인도 자연스럽게 파악하며 해결방안을 도출할 수 있을 것이다.

둘째, 더 높은 시야에서 문제를 바라봐야 한다.

대부분이 그렇듯이 앞의 사례에서도 대표는 직원이 자신에 대해 뒷담화를 한다는 것을 제보를 통해 알게 되었다. 대표는 제보자의 눈을 통해 상황을 보게 되며 때로는 제보자의 판단이나 생각이 더해진 상황을 제보자의 말을 통해 알게 된다. 즉, 제보는 제보자의 시야에 있는 정보다.

리더는 제보자의 시야에서 문제를 보거나 해결책을 고민하기보다는 직원들 간의 이해관계, 주변 상황, 상하좌우를 살피며 더 확장된 시야로 상황을 바라봐야 한다. 좁은 시야에 갇혀 감정적이거나 즉흥적인 의사결정을 한다면 더 어려운 상황을 만들 수 있다. 이 상황의 문제와 연관된 과거의 사건, 미래에 미칠 영향 등을 다각적으로 고려하며 조금은 냉정하게 거리를 두고 마치 나무 꼭대기 위에서 전체를 조망하듯 리더 스스로를 포함한 관련 직원들과 그 관계를 짚어볼 필요가 있다.

셋째, 리더의 권위를 현명하게 활용해야 한다.

리더의 권위는 직책 자체에서 나온다. 리더의 직책은 과거의 누적된 성과와 경험의 결과일 수 있다. 이 직책이 갖는 권위는 구성원과의 초기 관계에서 파워를 발휘할 수 있겠으나, 지속적인 관계를 발전시키는 데는 영향을 주지 못할 수 있다. 핵심은 '리더가 갖는 직책의 권위를 현명하게 활용하는 법'이다.

리더는 현재 조직 내에서 일어나는 일들을 포괄적으로 바라보는 시야를 지녀야 하며, 상황을 긍정적으로 전환할 수 있는 영향력을 갖춰야 한다. 리더의 진정한 권위는 문제의 핵심이 무엇인지 파악해서 해결하고, 조직이 한 방향으로 나아가도록 변화시키는 능력을 발휘할 때 그 힘을 갖는다.

리더에게는 잘 쓰면 약이 되는 권위가 있고, 리더는 이 권위로 직원, 회사, 리더 모두 원원(win—win)하는 방향으로 나아가게 하는 사람이다. 뒷담화하는 직원이 있다는 것을 알고 있지만 어떻게 해야 할지 몰랐다면, 리더로서 이 문제를 해결하기 위해 문제를 회피하지 말고 리더의 권위를 현명하게 활용해보면 어떨까?

칭찬할 때도
스킬이 필요하다

　리더가 칭찬과 질책을 조화롭게 하려면, 어떤 빈도로 해야 할까? 한 조직 심리학 연구 결과에 따르면, 조직에서 높은 성과를 내는 팀은 긍정적 언어와 부정적 언어의 사용 비율이 5.6 대 1이라고 한다. 즉, 질책을 한 번 하면 다섯 번 이상의 칭찬을 한다는 것이다. 또한 칭찬의 비율이 다섯 번을 훨씬 넘게 되면 오히려 조직은 무기력해지고 성과도 떨어진다고 하니, 너무 과도한 칭찬은 역효과를 낼 수 있다는 이야기다.

　리더의 칭찬은 개인의 말 한마디 이상의 무게감과 효과를 지닌다. 리더의 칭찬은 직원 개인의 업무 의욕, 충성도, 성과에 긍정적인 영향을 미치며, 사내 분위기, 조직 문화, 회사 전체의 성과에도 기여한다. 리더가 거의 칭찬하지 않거나, 칭찬을 너무 남발하거나, 적절하지 않은 방식으로 칭찬하는 것은 조직 성과에 도움이 되지 않는다. 리더의 칭찬에는 스킬이 필요하다. 단지 칭찬하는 것이 아니라, 칭찬을 '잘하는 방법'이 회사를 긍정적으로 발전시키기 때문이다. 리더의 칭찬이 직원과 회사에 도움이 되려면 어떻게 해야 할까?

C사장은 리더로서 직원을 자주 칭찬하는 것이 중요하다고 생각한다. 그래서 직원의 작은 시도와 노력에 대해 항상 긍정적인 피드백을 하고자 한다. 그런데 직원들은 평소 C사장이 칭찬을 잘하는 리더라고 생각하지 않으며, 딱히 제대로 된 칭찬을 들은 적이 별로 없다고 생각한다.

"박 팀장, 지난 분기에 좋은 소식들이 많네요. 모두 열심히 해준 박 팀장과 팀원들 덕분입니다. 모두 고생하셨어요."

C사장은 박 팀장과 회의를 마치며 칭찬하는 것을 잊지 않았다. 박 팀장이 이끄는 영업팀의 분기 성과는 목표 매출의 2배 이상을 달성했으며, 특히, 그동안 공들여왔던 신규 고객을 영입하는 데 성공했다.

박 팀장은 내심 모든 직원 앞에서 자신이 총괄하고 있는 팀에서 목표 대비 두 배 이상의 매출을 올린 점과 오랫동안 노력해왔던 고객을 신규로 영입한 성과에 대해 사장이 공개적으로 칭찬해주기를 바랐다. 그러나 C사장은 여느 때와 같이 늘 사람 좋게, 모두가 고생한 덕분이라며 회의를 마쳤다.

C사장은 '덕분이다', '고생했다', '수고했다' 등의 칭찬을 아끼지 않는데, 정작 박 팀장은 칭찬을 받은 것 같기도 하고 안 받은 것 같기도 한 애매한 기분이 들었다. 과연 사장이 팀의 정확한 성과를 알고 있는지조차 궁금하기도 했다.

회의를 마친 후 박 팀장은 엘리베이터 앞에서 사장과 마주쳤다.

"박 팀장, 이번 분기에 특별히 열심히 했던 팀원이 있나요?"

"네, 사장님. 이번 신규 고객 영입은 불철주야로 노력했던 김 대리 덕분입니다. 김 대리가 정말 고생 많이 했습니다."

"그랬군요. 김 대리에게 고생 많았다고 전해주세요. 박 팀장도 김 대리 많이 격려해주고요."

박 팀장은 김 대리에게 사장의 칭찬을 대신 전해줄 생각을 하니, 김 대리가 고생한 것에 비해 제대로 격려받는다는 느낌이 들지 않을 것 같다는 걱정이 앞서기도 했다.

C사장은 평소 질책이나 비난보다는 칭찬을 많이 하려고 노력하는데, 직원들은 충분한 칭찬을 받지 못한다고 생각한다. C사장의 잦은 칭찬은 직원들의 동기 부여를 높이는 효과도 미미했다. C사장의 칭찬은 어떤 점에서 개선이 필요할까?

첫째, 칭찬의 빈도다. 리더가 칭찬을 남발하면서 무성의하게 하는 칭찬, 습관적으로 하는 칭찬은 효과가 없다. 리더가 하는 칭찬에 진정성이 떨어지고, 특별한 성과를 만든 직원이 평범한 직원들과 비슷한 대우를 받는다고 느껴 동기 부여가 되지 않기 때문이다. 희소성이 떨어지거나, 직원들이 솔직하지 않다고 느끼는 리더의 칭찬은 조직 문화에 긍정적인 효과를 미치기 어렵다.

둘째, 칭찬의 표현이다. 추상적이거나, 구체적으로 '무엇을', '어떻게' 잘했는지 표현하지 않는 리더의 칭찬은 일상적인 격려의 말과 다를 바

없다. 리더가 직원을 칭찬하는 목적은 직원 개인의 업무 의욕과 발전에 긍정적인 영향을 미쳐, 결국 조직 성과에 기여하는 것이다.

셋째, 칭찬의 방식이다. C사장은 박 팀장에 대한 성과를 공개적으로 칭찬하지 않고, 일대일로 칭찬했다. 또한 분기 성과에 크게 기여한 김 대리에 대한 칭찬을 박 팀장을 통해 전했다. 개인적으로 칭찬하거나, 칭찬의 대상자가 없는 자리에서 칭찬하거나, 리더의 칭찬을 다른 직원을 통해 전하는 방법은 칭찬의 효과를 떨어뜨린다.

단순히 '고생했다', '앞으로 더 잘하자'라는 말은 리더가 아닌 선배, 동료도 충분히 할 수 있는 격려의 말이다. 조직 내에서 리더의 칭찬은 선배, 동료가 할 수 있는 칭찬 이상의 효과를 지녀야 하며, 궁극으로 회사 전체의 성과에 기여해야 한다. 그렇다면 리더가 칭찬을 효과적으로 하기 위해서는 어떤 방법이 필요할까?

먼저, 칭찬의 타이밍과 장소를 고려해야 한다. 칭찬은 즉시, 공개적으로 이루어져야 하는 보상이다. 직원의 성과를 보고 받거나, 칭찬할 사항을 리더와 회사가 인지한 경우 즉각적으로 칭찬하며, 공개적으로 칭찬하는 것이 중요하다. 특히 높은 성과를 달성한 경우 공식적인 자리에서 칭찬하는 것이 직원들이 인정받고 싶은 욕구를 충족해주고, 업무 역량의 발전에 효과적이다.

다음으로, 구체적인 성과에 대해 칭찬해야 한다. 구체적인 결과를 언급하는 동시에 직원이 성과를 이루기 위한 과정과 노고까지 칭찬해야 한다. 리더가 업무 성과를 명확히 짚으며, 그 성과가 회사가 가는 방향임을 제시한다면, 성과에 기여한 직원뿐만 아니라 다른 직원들의 근로 의욕을 높이면서 회사 발전을 위해 긍정적으로 자극하는 데 도움이 된다.

마지막으로 칭찬에는 격려가 동반되어야 효과가 극대화된다. 칭찬이 구체적인 성과를 짚는 방식이라면, 격려는 정성적이고 감정적인 말이다. 리더가 하는 격려에는 회사에서, 팀에서, 업무에서 직원의 존재와 가치를 인정하는 내용을 포함한다. 격려받는 당사자가 얼마나 괜찮은 사람인지 알아주는 노력이다.

이를테면, '이번의 높은 성과는 팀원들이 열심히 할 수 있도록 팀을 잘 이끈 박 팀장의 탁월한 리더쉽 덕분이다' 혹은, '신규 고객 영입은 김 대리의 열정과 끈기 덕분이다' 등 그 사람을 인정하는 표현이 효과적인 격려의 말이 될 수 있다.

흔히 리더의 칭찬은 '돈 안 드는 보너스'라는 표현을 한다. 리더의 칭찬은 비용 없이 직원이 열심히 일할 수 있도록 동기 부여해주는 가장 좋은 수단이다. 그런데 칭찬하더라도 언제, 어디에서, 어떻게 하는지에 따라 직원과 조직에 미치는 효과는 크게 달라질 수 있다.

내가 직원이었을 때를 돌아보면서 나는 상사로부터 어떤 칭찬의 말을 듣고 싶었는지 한번 고민해보고, 현재 리더로서 나는 칭찬을 효과적으로 하고 있는지 돌아보면 어떨까?

믿었던 직원이
갑자기 퇴사할 때

사장은 신 팀장과 면담하기 시작한 지 2시간이 되어가지만, 침묵의 시간만 길어질 뿐 사장이 원하는 대화의 진전이 없었다. 사장은 가장 바쁜 시기에 당장 퇴사를 고집하는 신 팀장을 설득해서 퇴사를 막고 싶었고, 그것도 어렵다면 협상을 통해 퇴사를 늦추고 싶었다.

"사장님, 얼마 전에 전화로 퇴사 통보를 해서 괘씸하게 생각했던 김 대리가 생각납니다. 제가 지금 사장님과 면담을 해보니 이런 과정이 너무 죄송하고 힘들어서 피했던 것이 아닌가 합니다. 거듭 죄송합니다."

입사한 지 1년 남짓 된 신 팀장은 우직하고 성실하게 일했고, 부서의 직원들뿐만 아니라 다른 부서의 직원들과 잘 어울렸다. 업무 적응도 빨리했으며, 다른 팀을 지원하는 업무를 할 때도 항상 긍정적인 모습이었다. 퇴사에 대한 어떤 조짐조차 없었던 신 팀장의 퇴사는 사장을 당혹스럽게 했을 뿐만 아니라 배신감마저 들게 했다.

사실 신 팀장이 맡은 지원팀은 이번처럼 가장 바쁜 시기가 오면 늘 초과근무를 했다. 그동안 신 팀장이 지속해서 요청했던 중간관리자급 채용은 우선순위에서 밀렸고, 과도한 업무량과 타 부서의 지원 업무에 대한 스트레스, 그리고 팀장으로서 개인의 성장에 대한 고민 끝에 퇴사를 결심한 것이다.

신 팀장의 퇴사가 팀원들에게 업무적으로 직접적 영향을 주었고, 다른 부서의 지원 업무에 공백이 생기는 상황에서, 사장은 신 팀장의 퇴사 이유를 생각조차 할 여력 없이 신 팀장의 소속 팀원들과 대책 회의를 했다.
"신 팀장 업무를 백업할 수 있는 직원이 없다는 건가요?"
"네. 신 팀장님이 주니어 팀원들과 일하다 보니 실무까지 직접 챙기셨습니다."
"다음 달까지 마감해야 하는 업무는 어떻게 했으면 좋을까요?"
"…업무 대행을 위한 대행사를 구해보면 어떨까 합니다. 그런데 비용도 많이 들고 무엇보다 당장의 업무 인계가 원활하게 될지는 모르겠습니다."

사장은 신속하게 후임을 위한 채용을 알아봤지만, 당장에 적합한 인재를 채용하기는 쉽지 않았다. 신 팀장의 퇴사로 사장과 직원들 모두 소위 '멘붕'에 빠졌다. 사장은 믿고 의지했던 팀장의 퇴사로 기운이 빠졌고, 직원들마저도 의기소침해진 분위기였다. 사장 눈에 보이는 직원들의 모습도 평소와는 다르게 느껴졌다. 사장을 원망하거나 회사에 불만이 많은 듯한 눈빛을 보내는 것 같았다. 직원들의 불만, 회사의 안 좋은 분위기,

퇴사를 다시 생각해달라며 설득했던 자신을 떠올리며 사장은 큰 허탈감을 느꼈다.

예상치 못한 직원의 퇴사는 리더와 조직에 많은 부담이 된다. 직원 이탈로 생기는 업무 공백은 같은 팀 내 다른 직원에게 가중되어 업무 불균형이 생기거나, 직원들 간에 갈등이 생길 우려가 있다. 또 업무 공백이 길어질수록 직원들의 사기가 저하되고, 팀 전체가 유기적으로 일하는 데 어려움을 겪는다.

한편, 급히 직원을 채용해야 할 때 적합한 인재를 빠르게 구하는 일은 현실적으로 어렵기 때문에 충분한 고민과 검토를 하지 못한 채 성급하게 직원 고용을 할 때도 있다. 직원 채용이 어려울 경우, 대안으로 직원 간 업무와 역할을 조정하기도 하고, 보직 변경을 통해 공백을 메우기도 한다. 회사와 대표가 인력 채용에 쏟는 시간, 비용, 조직의 에너지는 어마어마하다.

그러나 '평생직장' 대신 '평생직업'이 대세가 되고 있다. 회사를 운영하는 사장에게도 '평생직원'은 없을 가능성이 점점 커진다는 의미다. 갑작스러운 인력 이탈이 생길 경우, 리더는 어떻게 해야 할까?

우선 평소에 리스크 관리가 필요하다. 반복되는 업무는 업무량, 역할 분담을 고려해 아웃소싱 파트너사에게 맡기는 것도 방법이다. 특히 지원팀처럼 조직의 모든 부서를 지원하는 일이나 인사, 회계 업무처럼 사내 공통으로 적용되는 업무는 평상시에는 잘 드러나지 않지만, 직원 이탈로 공백이 생기면 조직 전체가 영향을 받는 중요한 업무다. 따라서 꼭 조직 내부에서 하지 않아도 되는 반복적인 업무, 그러나 반드시 해야 하는 업무들은 담당 직원의 유무에 영향을 받지 않도록 아웃소싱 파트너사와 함께 일하는 방안도 고려할 만하다.

또한 리더는 직원의 이탈 경우를 대비해 '업무 백업에 대한 플랜'을 가지고 있어야 한다. 평상시 업무와 프로젝트에 대해 주 담당자, 부 담당자 등의 역할을 맡겨서 필요한 교육이나 업무 관련 중요한 회의에 참석할 수 있도록 하는 것이다. 또한 중요한 프로젝트의 진행 상황 등은 부 담당자와 업무 백업이 가능한 모든 직원이 인지할 수 있도록 공유하는 것도 도움이 된다.

마지막으로 직원의 갑작스러운 이탈을 막기 위해 회사 차원에서 외부 전문가의 도움을 받는 방안도 있다. 조직 내 다른 직원에게는 말하기 어려운 고민을 외부 컨설턴트나 코치에게 상담받고, 이를 취합해 조직 성장과 발전을 위해 직원들이 고민하는 지점들을 리더에게 '현명하게' 전달할 수 있도록 외부 전문가와 협력하는 것이다. 리더 입장에서 모든 직원의 퇴사를 막기는 어렵지만, 갑작스러운 직원 이탈로 생길 수 있는 업무 공백을 최소화하기 위한 하나의 예방법이라 할 수 있다.

리더에게 필요한 회복 탄력성

회복 탄력성(resilience)이란, 크고 작은 어려움을 겪은 후 좌절하지 않고 다시 일어설 수 있는 능력이다. 조직이 위기에 처했을 때뿐만 아니라, 리더 개인에게도 필요한 것이 바로 회복 탄력성이다. 특히 갑작스러운 직원 이탈은 업무 공백, 직원 간 역할 재조정 등 조직 차원의 고민거리이기도 하지만 리더에게는 감정적인 상처로 다가올 수도 있다. 이때 리더에게 필요한 '회복 탄력성'은 곧 리더 내면의 근육을 기르는 힘이다.

최근에는 직장보다 내 일에 더 가치를 두고, 개인의 성장을 중시하며 다른 직장으로의 이직, 커리어 전환에 도전하는 사람들이 많다. 내가 일하는 곳을 평생직장으로 여기기보다 본인의 가치관, 환경, 목표하는 바에 따라 회사를 그만두기도 한다. 따라서 직원에게는 떠날 조직에 대한 기본적인 책임과 매너, 즉 업무 공백을 최소화하고 인수·인계 잘하기, 조직 분위기에 부정적인 영향을 주지 않도록 일도 관계도 잘 마무리하기 등의 성숙한 맺음이 필요하고, 리더는 직원 이탈에 대한 구조적·제도적 안전장치를 사전에 마련해두는 것이 필요하다.

물론 조직이 해결할 수 없는 개인 사정이 아니라, 조직 내에서 발생하는 비슷한 이유로 직원들이 갑작스럽게 퇴사하는 경우도 있다. 이때는 오히려 리더에게 명확한 해결 방법이 생긴다. 직원을 떠나게 하는 조직의 문제를 정확히 파악하고, 해결하는 데 집중해서 다른 직원들의 갑작스러운 이탈을 예방하는 것이다.

한 번쯤 내 사업을 하는 사장님들이나 조직을 이끄는 리더에게도 '다 내려놓고 퇴사하고 싶은 순간'이 있었을 것이다. 그러나 리더의 자리가 가지는 무게감과 책임이 워낙 커서, 계속 마라톤을 하듯 달려야 했을 때가 더 많았을 것이다. 너무 지쳐서 포기하고 싶을 때, 힘껏 달렸는데 넘어졌을 때, 자책하거나 부정적인 생각을 하기보다 '그래, 그럴 수 있어'라는 마음으로 다시 일어서서 걷는 것부터 시작해보면 어떨까? 오뚝이처럼 내면의 근육을 기르고, 다시 일어서서 달릴 모든 사장님을 진심으로 응원한다.

감정이 아닌
핵심을 남기는 연마 과정

"이게 말이나 됩니까?"

사장은 전월 저조한 성과 리포트를 본 후 기분이 상해서 팀장들에게 한마디씩 던졌다.

"A팀장, 고객사 컴플레인이 왜 이렇게 늘었습니까? 고객 관리를 이따위로 할 겁니까?"

"B팀장, 시즌이 코앞인데 신규 서비스 런칭이 또 연기되었나요? 이런 식으로 할 거면 프로젝트 다 접어요."

최악의 분위기의 회의가 끝난 후, 팀장들은 팀원들을 불러 모았다. 일에 완벽함을 추구하는 A팀장은 성과가 부진해서 속상했는데, 사장에게 지적당하는 상황에 몹시 화가 났다.

A팀장은 사장이 말한 내용과 사장의 감정 상태를 그대로 팀원들에게 전달했다. 사장이 자신에게 짜증을 낸 것 이상으로 분노에 찬 자신의 감

정을 드러내며, 팀 내 중간관리자들을 문책했다. A팀장은 팀원들 앞에서 협력사, 고객사, 실수가 잦았던 팀원들을 소환해서 언급하며 상황과 환경을 탓하며 비난과 원망 섞인 말들을 장황하게 쏟아냈다.

B팀장은 팀원과의 미팅 전, 잠시 혼자 생각할 시간을 가졌다. 사장과의 회의에서 언급된 내용과 팀원들에게 전달할 내용을 간추렸다. 개선을 위한 현실적 방안과 이를 실행하기 위해 필요한 지원 등 사장의 메시지 외에 리더로서 추가할 내용 등을 정리했다.

사실 B팀장도 너무 화가 나서 신규 서비스 런칭을 진행하는 직원들을 야단치며 비난과 원망을 퍼붓고 싶었다. 하지만 팀의 리더로서 성과에 대한 책임자로서 감정을 최대한 배제하려고 애썼고, 정리한 내용 위주로 회의를 진행했다. 회의를 간결하게 마치며 담당자들과 단계별 점검을 위한 다음 일정을 정했다.

A팀장과 B팀장의 사례에서 이상적 리더상을 꼽으라면, 대부분 B팀장을 선택할 것이다. 리더들을 대상으로 '본인은 어떤 리더에 더 가까운가?' 묻는다면, 평소 본인은 B팀장에 가깝지만, 인간인지라 A팀장과 비슷한 면도 있을 수 있다고 답할 것이다.

반면, 조직의 구성원들에게 '당신의 리더는 어떤 리더에 가까운가?'라고 묻는다면, B팀장의 모습일 때도 있지만, A팀장의 모습이 더 많다고 답할 가능성이 크다. 리더가 생각하는 리더로서 자신의 모습이 실제 구성원들이 생각하는 모습과 다른 경우가 흔하다. 리더 스스로 볼 수 없는 자신의 모습을 조직의 구성원들은 다각도에서 볼 수 있기 때문이다.

리더의 블라인드 스팟(Blind Spot, 맹점) 속 약점은 성과를 방해해 궁극적으로 리더십 역량을 약화시킨다. 특히 리더의 단어 하나 사소한 행동 하나에 부정적인 감정이 개입되면 구성원들은 정작 리더 스스로는 인지하지 못하는 블라인드 스팟 속 리더의 모습에 크게 실망하고 상처받기도 한다. 그렇다면 리더는 항상 직원들이 원하는 가면을 쓰고 일해야 하는 걸까? 화나고 속상할 때도 무조건 리더라는 이유로 참고 좋은 말만 해야 하는 걸까?

먼저, 리더는 덩어리(chunk)를 쪼개어 핵심으로 좁혀나갈 수 있는 능력이 있어야 한다. 일하는 과정에서 여러 가지 복잡한 환경과 부정적 상황이나 도전적 과제가 뒤엉켜서 하나의 큰 덩어리로 인식될 때, 그것을 쪼개고 분리해서 단순하고 간결하게 만들 수 있어야 한다. 마치 찰흙 덩어리를 떼어내기도 하고 깎아내기도 하고 다듬어서 확실하고 쉽게 눈에 보일 수 있는 무언가를 만드는 과정처럼 말이다.

앞의 사례에서 A팀장은 사장과 회의에서 있었던 일들과 내용에 자신의 분노를 구구절절이 추가해서 그대로 직원들에게 전달했다. 자신이 받은 큰 덩어리를 그대로 들고 와서 더 크게 만들어 팀원들에게 던져버린 것이다. 이 큰 덩어리를 받은 구성원들에게는 핵심 내용과 해결 과제보다는 '팀장이 사장한테 혼나서 화났다'라는 것이 주요 메시지로 남을 것이다. 또한 조직 구성원들은 '우리 팀장은 화를 잘 내는 감정적인 리더'라는 평판을 만들어갈 것이다.

B팀장은 어떠했는가? 저조한 성과, 지연되는 신규 서비스, 사장의 날카로운 지적과 꾸지람, 리더로서 책임감, 침체된 기분 등이 뒤섞여 있는 커다란 덩어리를 먼저 쪼개는 시간을 가졌다. 감정을 떼어내기도 하고, 실행 목표를 다듬기도 해서 현실적인 개선 방향과 실행 지원이라는 핵심을 주요 내용으로 간결하게 진행했다. 구성원들에게 팀의 목표와 지금 당장 해야 할 일들의 우선순위가 전달될 것이다. 조직 구성원들에게 B팀장은 명확한 목표와 방향을 제시하는 리더의 모습으로 비칠 것이다.

리더는 앞에 놓인 덩어리(chunk)를 미래 시점에서 바라볼 수 있어야 한다. 그리고 그것을 쪼개고 다듬어서 현재 필요한 핵심으로 좁혀가야 한다(chunk down). 현재 상황에서 불필요한 부분은 떼어내고 조직을 위해 꼭 필요한 내용을 추려서 발전적이고 미래 지향적 메시지를 구성원들에게 전해야 한다.

리더가 지나간 일에 연연해하며 자신의 기분과 부정적 감정을 그대로 실어서 말과 행동으로 표출한다면 리더에게 긍정적이지 않은 결과를 초래한다. 조직원들은 리더의 기분을 리더의 태도로 인식해 부정적 이미지와 평판을 형성하게 된다. 또한 감정이 섞인 덩어리가 구성원들에게 그대로 전달되면, 구성원들 역시 불쾌한 감정과 불필요한 감정 소모를 느끼며 업무 의욕이 떨어질 수 있다. 리더에게서 시작한 감정이 조직 문화를 지배할 수 있다는 점을 유념해야 한다.

감정을 배제하고 필요한 부분만 도려내어 일하기는 참 어렵다. 어떤 것을 버리고 어떤 것을 골라내야 하는지 그 기준이 애매한 경우도 다반사다. 이 모든 것이 두루뭉술할 때 덩어리를 쪼개어 성과를 저해하는 요소는 떼어내고, 발전할 수 있는 것은 다듬어서 핵심을 만드는 과정을 되풀이한다면, 리더로서 역량을 키우며 바람직한 리더의 평판을 만들어갈 수 있지 않을까?

리더의 소통 온도는
몇 도여야 할까?

김 대리는 요즘 '워라밸'이 잘 지켜지지 않는다고 생각했다. 최근 업무가 많아져서 자주 야근하며 유관부서 일까지 하지만, 핵심 업무에 집중하기 어려워 정작 본인의 업무 성과는 미진한 상황이었다.

김 대리는 부서의 리더인 '온 팀장'과 '한 팀장'에게 찾아가 면담을 했다.

"팀장님, 요즘 일이 너무 많습니다. 아무리 성수기라 하지만 유관 부서 일까지 해야 하니 힘듭니다. 야근이 잦다 보니 친구나 가족과 저녁 약속을 갑자기 취소하는 일도 발생하고, 이렇게 생활의 밸런스가 무너지다 보니 정신적으로도 힘듭니다. 이 상태로는 목표 달성이 어려울 것 같습니다."

온 팀장은 대부분의 잡무를 담당하며 일 잘하는 김 대리가 회사를 그만두진 않을지 걱정이 앞섰다.

"일이 몰려서 김 대리가 고생하고 힘들겠네요. 생활의 밸런스가 무너지면 정신적으로 많이 힘들 것 같아요. 내가 마케팅팀장을 만나 업무를 조정해줄게요. 그리고 내가 김 대리 일을 좀 도와줄 테니까, 나에게 일을 좀 넘기고, 다른 직원들에게도 김 대리 일을 분담하도록 할게요. 지금 인력 충원을 하고 있는데, 다음 주까지 채용할 테니 조금만 기다려줘요."

한편, 한 팀장은 몇 달만 바짝 고생하면 되는 성수기에 불만을 제기하는 김 대리에게 목표 달성의 중요성을 한 번 더 강조했다.

"김 대리, 혹시 지난달까지 우리가 어느 정도 목표를 달성했는지 기억하나? 70%야. 이번 달만 잘 넘기면 달성할 수 있다고. 지금이 성수기고 중요한 시기이니 어느 정도는 감안해야 하지 않을까? 다른 직원들도 힘든 건 마찬가지니까. 좀 참고 모두가 한마음으로 이번 분기 목표 달성을 위해 노력해보자고. 우리 팀이 성과를 내야 인력 충원도 가능한 거 알지?"

팀장들과 면담을 마친 후, 김 대리는 목표 달성 이야기만 하는 한 팀장에게 서운함을 느꼈고, 당장은 업무를 조정해주겠다고 약속한 온 팀장에게 감사한 마음이 생겼다. 그러나 시간이 지날수록 김 대리는 온 팀장에게 실망하기 시작했다. 팀장과 다른 직원들에게 업무를 넘기는 일이 온 팀장 말처럼 쉽지 않았고, 조금만 기다려달라는 인력 충원도 감감무소식이었으며, 여전히 유관부서 업무까지 하느라 자신은 야근을 해야 했기 때문이다.

너무 뜨거웠던 온 팀장, 너무 차가웠던 한 팀장

온 팀장의 소통은 감성 언어로만 이루어져 있다. 온 팀장은 김 대리의 힘들고 난감한 상황을 공감해주며, 김 대리의 문제를 해결하겠다는 약속을 했다. 직원의 어려운 상황을 알아주고 공감하는 온 팀장의 시도는 훌륭하다. 그러나 일이 많은 직원에게 '힘들지? 이것도 내가 해주고 저것도 내가 해주겠다'라는 리더의 소통 방법은 궁극적으로 직원의 과중한 업무를 줄여주는 해결책이 될 수 없다.

예를 들어, 감정에 이끌려 무작정 김 대리의 일을 온 팀장이 가져온다면 온 팀장의 업무와 역할은 직원의 시야에 갇힐 수 있다. 리더로서 해야 할 일이나 책임에 소홀해질 수도 있고, 장기적으로 직원들에게 업무의 권한 위임도 어려워진다. 물론 계획이나 사전 협의 없이 다른 직원에게 김 대리의 업무를 나누겠다는 약속도 지키기 어려울 것이다. 심지어 온 팀장이 '내가 다 해결해주겠다'라는 식으로 소통을 했으니 김 대리는 리더의 해결을 기대하며 수동적으로 기다릴 것이며, 만약 온 팀장이 김 대리가 만족할 정도로 상황을 해결해주지 못할 때, 김 대리는 더 많은 불만을 갖게 될 것이다.

한편, 한 팀장의 소통은 지나치게 이성적이다. 한 팀장은 잦은 야근과 워라밸을 지키기 어려운 김 대리에게 '성수기라 일이 많을 수 있고, 지금은 중요한 시기이고, 우리는 목표를 달성해야만 한다'라고 이야기했다. 이 이야기는 직원들도 이미 다 아는 사실이다. 김 대리는 이미 아는 내용을 리더의 입으로 다시 한번 듣기보다는, 공감, 위로, 조언의 한마디 또는 아주 작은 해결책 하나를 기대하며 한 팀장을 찾아왔을지도 모른다.

한 팀장은 성과에 집중하며 몰입하는 리더다. 하지만 직원들의 상황을 공감하고 독려해서 팀으로 함께 목표를 달성하는 리더십도 중요하다. 공감과 동기 부여가 없는 리더는 직원들에게 보스, 즉 앞만 보고 직원을 이끄는 사람처럼 느껴질 수 있다. 항상 직원이나 팀보다 업무, 목표, 성과에만 초점을 맞춰 소통하는 리더는 팀의 업무 의욕이나 팀워크를 이끌어 내는 데 한계가 있다.

리더에게 필요한 소통 온도, 36.5도

리더의 소통 온도는 너무 뜨겁지도 차갑지도 않은 체온과 비슷한 36.5도를 유지해야 한다. 리더의 소통은 감성과 이성을 적절하게 유지해야 효과적이다. 직원 입장에서 생각해보고 직원의 언어로 소통하고 직원의 문제점에 대해 들으며 뜨겁게 공감하는 것이 리더에게 필요한 감성 온도라면, 목표와 성과에 대해 명확하게 이야기하되 직원이 스스로 주도적으로 일할 수 있도록, 임파워링(Empowering)하는 이성 온도도 필요하다.

감성 온도와 이성 온도를 적절하게 유지하는 리더는 김 대리에게 어떻게 말해줄 수 있을까? 앞에서 나온 사례의 온 팀장과 한 팀장의 이야기를 한번 섞어보자.

"김 대리, 업무도 많은데 성과 달성에 대한 압박감도 있고 힘들었겠네요. 워라밸을 지키는 것도 정말 중요한데, 잘 안 돼서 속상했겠어요. 요즘

이 성수기이기도 하고, 목표까지 남은 30% 달성을 위해 이번 달이 중요하기도 합니다. 하지만 우리 팀원들 모두 워라밸을 지키며 건강하게 일하는 팀이 되었으면 좋겠어요. 지금 상황을 개선하면서 우리 팀 목표 달성을 위해 김 대리가 할 수 있는 것, 팀장으로서 내가 해줄 수 있는 것을 한번 이야기해볼까요? 김 대리가 업무량을 줄이면서 중요한 업무와 성과에 집중할 수 있도록 김 대리 스스로 할 수 있는 건 어떤 게 있을까요? 내가 해결해줄 수 있는 것, 나에게 요청하는 건 어떤 게 있을까요?"

리더와 직원은 목표 달성을 위한 여정을 함께한다. 하지만 입장 차이가 있고, 때로는 서로 다른 생각을 하기도 한다. 리더의 소통에는 직원 입장에서의 공감과 격려, 성과와 목표에 대한 명확한 방향 제시, 문제 해결에 대한 노력과 의지가 담겨야 한다. 나아가 리더와의 소통 이후 직원 스스로 문제를 해결하고자 하는 노력과 의지를 갖고, 성과와 목표에 집중해야겠다는 임파워링이 되어야 한다. 그래서 리더의 소통 온도는 너무 뜨겁지도, 너무 차갑지도 않은 36.5도의 적절한 온도를 유지해야 한다.

리더로서 꼭 필요한
역할은 무엇인가?

A부서장은 여느 때와 같이 오늘도 야근을 한다. 리더부터 야근, 초과 근무를 하며 워크홀릭으로 일하니, 직원들은 퇴근하거나 연차를 쓸 때마다 부서장의 눈치를 본다. 오로지 일 이야기만 하고, 취미 생활도 없이 평일, 주말 내내 일밖에 모른다. 이쯤 되면, A부서장은 일하는 것 자체를 즐기고 좋아하는 리더다.

B부서장은 오늘도 실행 과정에 필요한 디테일 하나하나를 정해주며 꼼꼼하게 챙긴다. "파란색보다는 보라색으로, 나눔고딕체로…." 심지어 컬러와 폰트까지도 지시한다. 이 업무를 하는 직원들과 팀은 리더가 자신들을 믿지 못한다고 생각한다. 이 부서는 인력 변동이 잦고, 부서장의 관심과 디테일에 힘들어한다.

C부서장의 하루 일정은 미팅으로 시작해서 미팅으로 끝난다. 사람들과

만나는 것을 좋아하고, 사람들을 만나느라 매일 바쁘다. 사내 대부분의 미팅에도 꼭 참여해 의견을 낸다. 미팅을 많이 하는 리더와 함께 일하는 실무자들은 정작 일할 시간이 없어서 자주 야근하고 초과 근무를 한다.

D부서장은 예산과 비용을 무조건 아낀다. 구두쇠 같은 리더 개인의 성향과 습관까지 더해져 사무실의 전기세, 수도세, 탕비실 비품 사용까지 항상 아끼라는 말만 한다. 중요한 프로젝트를 할 때 리더가 가장 먼저 하는 일은 필요한 비용마저 줄이는 것이다.

E부서장은 회사에서 일어나는 모든 일을 알고 직접 관리해야 직성이 풀린다. 신입사원의 업무 적응을 위한 교육부터 직원 간의 사소한 갈등까지 리더가 직접 개입한다. 자신이 모르는 일이 벌어졌을 때, E부서장은 감정이 상해 직원들을 나무란다.

이러한 다섯 가지 리더 유형의 공통점은 무엇일까? 바로 '자기가 좋아하는 것만 하는 리더'다. 일을 너무 좋아해서 워커홀릭처럼 일만 하고, 본인이 전문성 있고 잘하는 분야에 대해 마이크로 매니징하고, 사람을 만날 때 얻는 인사이트와 에너지를 좋아해 직원들과도 몇 시간씩 미팅하고, 근검절약을 중요하게 생각해서 직원들에게는 잔소리처럼 아끼라는 말만 하고, 조직 내의 일은 전부 관심이 가서 모든 일을 본인이 다 알아야 하는 리더는 결국 '자신이 좋아하는 것만 하는 리더'라고 할 수 있다.

자신이 좋아하는 영역에만 집중하며, 자신의 방식을 고집하는 리더는 조직을 성장시키기 어렵다. 이런 리더들의 특징은, 자기의 모습을 객관적으로 보려고 하지 않거나, 자기 합리화를 한다. 본인에게 익숙하고 편한 것이기에 바꾸려고 하지 않거나, 자기 확신이 지나치게 강해서 변화의 필요성을 못 느끼기도 한다. 자신이 변하기보다 리더인 자신을 중심으로 직원들이 자신에게 맞추기를 요구하기도 한다.

그러나 리더는 자신이 좋아하는 일, 하고 싶은 일만 하는 자리가 아니다. 리더는 개인의 이익과 편리함이 아닌 조직 공동의 이익과 성과를 위해 일하는 사람이다. 그렇다면 '조직을 이끄는 리더'답게 일하려면 어떻게 해야 할까?

첫째, '메타인지' 능력을 키워야 한다.
'메타인지'란, 내가 인지하는 것을 마치 제3자처럼 객관적으로 파악하는 능력이다. 나는 어떤 리더인지, 직원들은 나를 어떤 리더로 생각하는지, 조직의 입장에서 나는 리더의 역할과 책임을 다하고 있는지 객관적으로 자기 인식을 하는 것이 변화와 성장의 첫걸음이다. 리더로서 '메타인지' 능력을 갖출 때, 자신이 좋아하는 일에만 지나치게 몰두하고 합리화를 했던 자기 모습을 인식하고 바꾸어나갈 수 있다.

둘째, 개인적인 편리함보다 조직을 위한 필요함을 추구해야 한다.
마이크로 매니징을 하는 B부서장, 모든 일을 알고 본인이 관리해야 하는 E부서장은, 직원을 믿지 못하거나, 본인이 편안한 대로 일이 진행되지 않을 경우, 불편함을 느낀다. 그러나 리더는 모든 일을 혼자 다 하는 사람이 아니다. 일을 가장 잘할 수 있는 직원들을 알맞게 배치하고, 업무를 위임하고, 최선의 결과를 내도록 하는 사람이다. 리더는 개인이 불편함을 느끼는 지점보다 조직의 성과를 위해 필요한 것이 무엇일지 고민해야 한다.

셋째, 동기 부여를 저해하는 부정적인 사고 대신 리더의 역할에 집중해야 한다.

리더는 내심 이런 불만을 가질 수 있다. '무조건 근검절약해야 인력 감축 없이 직원들에게 계속 급여를 준다(D부서장)', '직원들보다 내가 일을 더 많이 한다(A부서장)', '열심히 발로 뛰고 사람 만나는 일을 내가 다 한다(C부서장)'.

그러나 리더 스스로가 '조직을 위해 나는 이렇게 노력하고 희생하는데, 직원들의 의식 수준이나 업무 역량은 너무 떨어지니 나만 힘들다' 혹은 '조직에서 나의 이런 고충을 모른다'라고 생각한다면, 리더 스스로 희생자 프레임에 갇히게 되어 스스로 동기 부여를 떨어뜨리거나 혹은 리더의 그런 생각이 사소한 말이나 행동으로 표출되어 직원과의 갈등을 야기할 수 있다.

'리더로서 나의 역할이 무엇인가?'라는 질문과 함께, 현재 역할 행동에 대한 성찰을 시작하는 것이 리더 자신과 직원, 그리고 조직의 발전과 성장에 도움이 된다.

처음부터 리더로 태어나는 사람은 없다. 리더십은 꾸준한 노력과 자기 계발의 산물이다. 리더 개인의 성향에 의존적이었던 리더십, 자기가 좋아하는 것만 하는 리더십도 리더의 지속적인 노력으로 '조직과 구성원의 특성과 상황에 맞는 리더십'으로 변화할 수 있다. 지금 내가 속한 조직에서 꼭 필요한 역할을 하는 리더는 어떤 모습일지 생각해보면 어떨까?

사장은 처음이라

제1판 1쇄 2024년 9월 25일

지은이　　최인녕
펴낸이　　한성주
펴낸곳　　㈜두드림미디어
책임편집　최윤경
디자인　　얼앤똘비악(earl_tolbiac@naver.com)

㈜두드림미디어
등록　　2015년 3월 25일(제2022-000009호)
주소　　서울시 강서구 공항대로 219, 620호, 621호
전화　　02)333-3577
팩스　　02)6455-3477
이메일　dodreamedia@naver.com(원고 투고 및 출판 관련 문의)
카페　　https://cafe.naver.com/dodreamedia

ISBN 979-11-94223-08-5 (03320)

책 내용에 관한 궁금증은 표지 앞날개에 있는 저자의 이메일이나 저자의 각종 SNS 연락처로 문의해주시길 바랍니다.

책값은 뒤표지에 있습니다.
파본은 구입하신 서점에서 교환해드립니다.